UNIVERSITÉ DE GRENOBLE — FACULTÉ DE DROIT

MM. TARTARI ✻, ✪ I, doyen, professeur de Droit civil.
GUEYMARD ✻, ✪ I, doyen honoraire, professeur de Droit commercial.
TESTOUD ✻, ✪ I, professeur de Droit civil, *en congé.*
GUÉTAT, ✪ I, professeur de Législation criminelle.
FOURNIER, ✪ I, professeur de Droit romain.
BALLEYDIER, ✪ I, professeur de Droit civil.
MICHOUD, ✪ I, professeur de Droit administratif.
BEUDANT, ✪ A, professeur de Droit constitutionnel.
CAPITANT, ✪ A, professeur de Procédure civile, chargé d'un cours de Droit civil.
HITIER, ✪ A, professeur adjoint.
CUCHE, agrégé, chargé de cours.
GEOUFFRE DE LAPRADELLE, agrégé, chargé de cours.
REBOUD, agrégé, chargé de cours.
DUQUESNE, agrégé, chargé de cours.
ROYON, ✪ I, secrétaire.

JURY DE LA THÈSE

Président .... M. FOURNIER, professeur.
Suffragants : MM. CUCHE, agrégé.
DUQUESNE, agrégé.

La Faculté n'entend donner aucune approbation ni improbation aux opinions émises dans les thèses ; ces opinions doivent être considérées comme propres à leurs auteurs.

INTRODUCTION

A Rome une demande en justice ne peut être introduite qu'une seule fois. Si donc le demandeur, pour une circonstance ou pour une autre, se trouve dans l'impossibilité de poursuivre son procès jusqu'au prononcé de la sentence, il ne pourra plus, à l'avenir, organiser une nouvelle instance, il perd ainsi tout moyen d'arriver à la réalisation de son droit.

Rattaché à la sentence, ce principe est rationnel, car il procède de l'autorité reconnue à la chose jugée; rattaché comme à Rome, au contraire, non à la sentence, mais bien à l'organisation même du procès, il paraît étrange et difficile à expliquer. Son application semble alors susceptible d'entraîner, en pratique, de graves conséquences, car si le demandeur peut, avant la sentence, se trouver sans sa faute, dans l'impossibilité de poursuivre l'instance organisée et que, d'autre part, il ne puisse agir à nouveau, il se trouve, par là, dépouillé de son droit même le mieux établi.

AF462525

210 343

UNIVERSITÉ DE GRENOBLE — FACULTÉ DE DROIT

LA CONSOMMATION

DU

DROIT D'AGIR EN JUSTICE

Dans la Procédure romaine

PRINCIPE ET SANCTION

O Juppiter
Quid ego audio? Actum est, siquidem hæc vera prædicat
TÉR. *And.*, III, 1, 7.

THÈSE POUR LE DOCTORAT

Soutenue le 2 Mai 1900

DEVANT LA FACULTÉ DE DROIT DE GRENOBLE

PAR

HENRI JOURDAN

Étudiant de la Faculté libre de Lyon

LYON
IMPRIMERIE PAUL LEGENDRE & Cie
Ancienne Maison A. WALTENER
14, rue Bellecordière, 14

1900

THÈSE

POUR LE DOCTORAT

8° F
12027

A MA MÈRE

UNIVERSITÉ DE GRENOBLE — FACULTÉ DE DROIT

LA CONSOMMATION DU DROIT D'AGIR EN JUSTICE

Dans la Procédure romaine

PRINCIPE ET SANCTION

O Juppiter
Quid ego audio? Actum est, siquidem hæc vera prædicat
TÉR. *And.*, III, 1, 7.

THÈSE POUR LE DOCTORAT

Soutenue le 2 Mai 1900

DEVANT LA FACULTÉ DE DROIT DE GRENOBLE

PAR

HENRI JOURDAN
Etudiant de la Faculté libre de Lyon

LYON
IMPRIMERIE PAUL LEGENDRE & Cie
Ancienne Maison A. WALTENER
14, rue Bellecordière, 14

1900

INDEX BIBLIOGRAPHIQUE

des Ouvrages cités

ACCARIAS. — *Précis de Droit romain*, 4e édit. Paris, 1891. 2 volumes.

APPLETON. — *Histoire de la Propriété prétorienne*, Paris, 1889. 2 volumes.

AULU-GELLE. — *Auli Gelli noctes Atticæ*. Gottingæ 1824.

AUBRY et RAU. — *Cours de Droit civil français*, 4e édit. Paris, 1869-1879. 8 volumes.

BEKKER. — *Die Processualische Consumptio*, Berlin, 1853. *Die Aktionen des römischen Privatrechts*. Berlin, 1871-1873. 2 volumes.

BETHMANN-HOLLWEG. — *Der römische Civilprocess*. Bonn, 1864. 3 volumes.

BOCKING. — *Pandekten des römischen Privatrechts*. 2e édit. — Bonn 1853. — 2 volumes.

BONJEAN. — *Traité des Actions*. Paris, 1845. 2 volumes.

BRUNS. — *Kleinere Schriften*. Weimar, 1882. 2 volumes. — *Fontes juris romani antiqui*. 5e édit. Freiburg i.-B. 1887.

BUCHKA. — *Die Lehre vom Einfluss des Prozesses. auf das materielle Rechtsverhältniss*. — Rostock, 1846-1847, 2 volumes.

CICÉRON. — *M. Tulli Ciceronis Orationes. Recognovit Müller*. Lipsiæ, 1847.

COGLIOLO. — *Trattato teorico pratico della eccezione di cosa giudicata*. T. I, Torino, 1883.

EISELE. — *Abhandlungen zum römischen Civilprocess*. Freiburg-i.-B., 1889.

Erman. — *Servus vicarius*. Monographie publiée dans le recueil de la Faculté de Droit de Lausanne. Genève, 1896.

Noch einmal : die wiederholte Anstellung der Actio de peculio, eod. loc., t. XX, 1899, pp. 243 et ss.

Critique de la thèse de Pokrowsky, dans : *Centralblatt für Rechtswissenschaft*. Leipzig, 1895, t. XV, pp. 356, 357.

Tabulæ judicii dans : *Zeitschrift der Savigny Stiftung für Rechtsgeschichte. Rom. Abth.* Weimar, 1896, t. XVII, pp. 334, 335.

Conceptio formularum, actio in factum und ipso jure Consumptio, dans : *Zeitschrift der Savigny Stiftung R.A.* t. XIX, pp. 261 et ss.

Contardo Ferrini. — *La Consunzione processuale dell'actio de peculio*. Monographie publiée dans l'*Archivio Giuridico*. Modena, 1900, pp. 78 et ss.

De Fresquet. — *Traité élémentaire de Droit romain*. Paris, sans date. 2 volumes.

Girard. — La date de la loi *Æbutia*. Monographie publiée dans *Zeitschrift der Savigny Stiftung R. A.*, 1893, t. XIV, pp. 1 et ss. et dans la *Nouvelle Revue historique*, 1897, t. XXI, pp. 249 et ss.

Textes de Droit romain, 2e édit. Paris, 1895.

Manuel élémentaire de Droit romain. Paris, 1898.

Heffter. — *Institutionen der römischen und deutschen Civilprocess*. Bonn. 1825.

Ihering. — *Esprit du Droit romain*, traduction Meulenaëre. Paris, 1877-1878. 4 volumes.

Jobbé-Duval. — *Etude sur l'histoire de la Procédure civile chez les Romains*. Paris, 1896.

Juvénal. — *D. Junii Juvenalis Satiræ*. Turonibus, 1687.

Karlowa. — *Der römische Civilprocess zur Zeit der Legisactionen*. Berlin, 1872.

Keller. — *Ueber Litis Contestatio und Urtheil*. Zurich, 1827.

— *Der römische Civilprocess*, 2e édit. Leipzig, 1855.

Kubler. — *Ueber die Bedeutung von judicium und formula bei Cicero*, dans : *Zeitschrift der Savigny Stiftung*, R. A. t. XVI, 1895, pp. 137 et ss.

Lenel. — *Ueber Ursprung und Wirkung der Exceptionen*. Heidelberg, 1877.

Das Edictum Perpetuum. Ein Versuch zu dessen Wiederherstellung. Leipzig, 1883.

Lusignani. — *La Consumazione processuale dell' actio de peculio*. Parma, 1899.

Charles Mainz. — *Cours de Droit romain*. Bruxelles, 1876. 2 volumes.

Matthias. — *Note critique sur* Servus vicarius *d'Erman* dans : *Centralblatt für Rechtswissenschaft*, t. XVI, novembre 1896, pp. 33 à 36.

Gaston May. — *Éléments de Droit romain*. Paris, 1889-1890. 2 volumes.

Mayer. — *Die Litis Contestatio geschichtlich dargestellt*. Stuttgart, 1830.

Mommsen. — *Die Rechtsfrage zwischen Cæsar und dem Senat*. Breslau, 1857.

Judicium legitimum dans : *Zeitschrift der Savigny Stiftung*. R. A., t. XII. 1892, pp. 267 et ss.

Penet. — *Du Judex unus*. Grenoble, 1883.

Pernice. — *Parerga* dans : *Zeitschrift der Savigny Stiftung*. R. A., t. V, 1884 pp. 1 et ss. et t. XIX. 1898, pp. 145 et ss.

Platon. — *Platonis opera ex recensione Schneideri*. Paris, Firmin Didot, 1846. 3 volumes.

Pokrowsky. — *Die Actiones in factum des classischen Rechts*. dans : *Zeitschrift der Savigny Stiitftung*. R. A., t. XVI. 1895. pp. 7 et ss.

Право и фактъ въ римскомъ правѣ, Kieff. t. I, 1898.

Zur Lehre von den Actiones in jus und in factum dans : *Zeitschrift der Savigny Stiftung*. R. A., t. XX, 1899, pp. 99 et ss.

Puchta. — *Cursus der Institutionen*. Leipzig, 1851. 3 volumes.

Rein. — *Das Privatrecht und der Civilprocess der Romer.* Leipzig, 1858.

Rudorff. — *Römische Rechtsgeschichte.* Leipzig, 1857-1859. Bernard Tauchnitz. 2 volumes.

Savigny. — *Traité de Droit romain,* traduction Guenoux. Paris, 1855-1860. 8 volumes.

Filippo Serafini. — *Le Pandette del Professor Arndts.* 4e édit. Bologne, 1883, t. I.

Schultze. — *Privatrecht und Process in ihrer Wechselbeziehung,* 1882. Cité d'après l'ouvrage russe de M. Pokrowsky.

Schwalbach. — *Ueber ungültige Urtheile und die Consumirde Wirkung der Litis Contestatio* dans : *Zeitschrift der Savigny Stiftung,* R. A., t. VII, 1896, pp. 113 et ss.

Sell. — *De exceptionum usu qui Legis Actionum tempore fuerunt commentatio.* Bonn, 1867.

Sohm. — *Institutionen des romischen Rechts.* 2e édit. Leipzig, 1886.

Tardif. — *De la Litis Contestatio ; des effets de la demande en justice.* Paris, 1881.

Térence. — *Publii Terentii Comœdiæ sex. — Accedunt.... Ælii Donati commentarius integer.* Leyde, 1657.

Théophile. — *Theophili antecessoris paraphrasis græca institutionum.* Edition Fabrot, Parisiis, 1638. Edition Reitz, Hagæ Comitis, 1751.

Thomas. — *Evolution de la théorie de la chose jugée à Rome.* Toulouse, 1898.

Trampedach. — *Die Form der Litiscontestation im Formularprocess,* dans : *Zeitschrift der Savigny Stiftung,* R. A. t. XVIII, 1897, pp. 114 et ss.

Wlassak. — *Römische Processgesetze.* Leipzig, 1889-1891. 2 volumes.

Die Litiskontestation im Formularprocess. Leipzig, 1889.

SOMMAIRE

CHAPITRE III

Notre but est l'étude de ce principe qui présente des anomalies dans son développement historique, l'examen des sanctions différentes que, suivant les cas, il comporte, enfin la solution des problèmes qu'il soulève dans son application. Nous chercherons à montrer que, d'une façon générale, il n'entraîne pas de conséquences funestes au préjudice du plaideur diligent. Il caractérise les deux premiers systèmes de procédure dont se sont servis les Romains, le système des *Legis Actiones* et le système formulaire. Nous montrerons qu'il se rattache, dans l'un et dans l'autre, non à la *Litis Contestatio*, mais à la règle : *bis de eadem re ne sit actio*, ce qui nous conduit à examiner successivement la *Litis Contestatio* et la règle énoncée.

Afin de diriger nos recherches avec ordre, nous distinguerons les principales transformations de la procédure romaine et les époques auxquelles elles les a subies.

L'histoire de la procédure civile romaine se divise en trois périodes, correspondant chacune à une des trois formes fondamentales suivant lesquelles la justice fut administrée. Ces trois formes se sont substituées les unes aux autres, sans qu'il y ait eu, à vrai dire, dans ces modifications rien de brusque ni d'instantané, de de telle sorte qu'elles se produisirent peu à peu, pour employer l'expression même de Gaïus (1) et que chacune d'elles cependant anticipe pour partie sur la forme

(1) Gaïus. *Comm.* IV, 30.

qui la précède et se prolonge, à l'inverse, sur celle qui la suit. (1).

On détermine généralement ces trois périodes d'après les trois systèmes qui y furent appliqués :

1° Le système des Actions de la Loi où la *Legis Actio* est la forme la plus ancienne d'une procédure ignorée du public et mystérieuse, connue des Pontifes seuls et d'un petit nombre de jurisconsultes attentifs à ne pas en livrer les secrets. Ce système reste en vigueur depuis les origines de Rome jusqu'à la loi *Æbutia*, c'est-à-dire jusqu'au début du VIIe siècle *a. U. c.* (2).

2° Le système formulaire le plus intéressant des trois, à notre point de vue, s'étend de la loi *Æbutia* à la fin du IIIe siècle de notre ère. Son origine se place vers l'époque où les voiles qui recouvraient les Actions de la Loi vinrent à tomber et se rattache probablement aussi à l'institution du préteur pérégrin (3). Il correspond au plus complet épanouissement des institutions de Rome et à l'époque la plus florissante de sa littérature et de son histoire, c'est sur lui surtout que nous allons diriger nos investigations dans cette étude sur la consommation du droit d'agir en justice. Que si nous nous attardons pour

(1) Bethmann-Hollweg. *Der römische Civilprocess.* — Bonn, 1864, t. I, p. 31.

(2) En ce sens Girard. La date de la loi Æbutia. Monographie publiée dans le *Zsavst. R. A.*, t. XIV, 1893, p. 49 et dans *la Nouvelle Revue historique*, 1897, p. 289.

(3) Beth.-Holl.. *Op. cit.* p. 31. — Girard. *Manuel élémentaire de Droit romain,* Paris 1898, p. 109. — Accarias. *Précis de Droit romain,* Paris 1886, 4e éd., t. II, n° 748 a, p. 689.

un instant à dire quelques mots des deux systèmes qui l'ont précédé et suivi c'est afin de rechercher quels principes la consommation du droit a puisés dans le premier et quelle place elle a continué encore à tenir dans le troisième.

3° Le système de la *cognitio extra ordinem* signale l'époque de la décadence romaine et se place au temps de l'absolutisme impérial. Son existence est attestée par une constitution de Dioclétien, rendue en 294 (L. 2. C. III, 3).

Toutefois, en suivant l'opinion émise sur ce point par Bethmann-Hollweg, les modifications qui viennent d'être brièvement exposées n'ont pas été le fruit de mesures législatives radicales et brusques ; de telle sorte que, même après la loi *Æbutia*, on recourt encore parfois à l'ancien système, par exemple en procédant par *sacramentum* devant les centumvirs et que, d'autre part, déjà pendant la période formulaire on se conformait, en certains cas, au système des *cognitiones extraordinariæ*. Ainsi les trois formes de procédure dont se sont servis les Romains empiètent les unes sur les autres et l'on ne peut exactement déterminer entre elles aucune ligne absolument nette de démarcation. En réalité, il en est, à Rome, de la procédure comme du fond même du droit, des modifications successives s'y opèrent insensiblement au cours des siècles et viennent peu à peu en changer l'aspect; néanmoins l'ensemble forme un tout, revêtu de son caractère propre qui conserve son individualité. Ainsi le génie des conceptions juridiques romaines a-t-il survécu aux révolutions et à la chute des Empires ; consigné dans la compilation de Justinien, il a soutenu victorieusement l'assaut barbare des coutumes germaniques pour se perpétuer jusqu'au jour où, à travers les âges, il nous est parvenu.

CHAPITRE PREMIER

ACTIONS DE LA LOI

§ I. — Notions générales

Le plus ancien système de procédure, celui des Actions de la Loi, a une origine obscure, antérieure à la Loi des XII Tables et vraisemblablement coutumière (1). La Loi des XII Tables aurait, dans cette hypothèse, uniquement sanctionné des coutumes en usage, non seulement à Rome, mais encore dans toute l'étendue du Latium. En tous cas, le caractère des Actions de la Loi est archaïque et formaliste (2), puis-

(1) En ce sens GIRARD. *Op. cit*, p. 947.

(2) POMPONIUS (L. 2, § 6, D. 1, 2) qualifie les Actions de la Loi de *certæ solennesque*.

qu'au témoignage de Gaïus, dont les *Commentaires* sont notre principale source en cette matière, il était indispensable, à peine de succomber, d'employer des termes précis et consacrés. C'est ainsi qu'un plaideur dont les vignes avaient été coupées, perdit son procès pour avoir employé dans sa demande le mot *vites*, alors que s'il se fût plaint *de arboribus succisis*, il eût obtenu gain de cause (1).

Quant à l'étymologie de l'expression *Legis Actiones*, elle ne nous est pas connue. Pomponius (2) dit bien qu'il faut entendre ces termes *Actiones Legis* dans le sens de *Actiones legitimæ*, mais il ne tranche pas par là même la difficulté. Faut-il donc voir dans ces mots *Legis Actiones, id est actiones legitimæ*, l'idée que ces actions avaient été établies par la loi à une époque antérieure à l'édit prétorien qui introduisit par la suite tant d'actions, ou cette autre que, reproduisant les termes mêmes des lois, elles étaient immuables comme ces lois elles-mêmes ? Nous ne pouvons trancher la question dans un sens ni dans l'autre, Gaïus, de son temps déjà, la pose sans y répondre (3). Ihering (4) admet la seconde des deux précédentes hypothèses quand, selon lui, les Actions de la Loi tirent leur nom de ce que leurs formules étaient accommodées aux termes des

(1) Gaius. IV, 11.

(2) *Loc. cit.*

(3) Cprz. Bonjean. *Traité des Actions*, Paris, 1845, t. 1, p. 370 et Gaius, IV, 11.

(4) Ihering. — *Esprit du droit romain*, trad. Meulenaëre, t. III, p. 313.

lois elles-mêmes (1), et Puchta (2) est du même avis quand il déclare que les solennités de la procédure *in jure* s'appellent *Legis Actio*. Ces solennités, poursuit le même auteur, sont de deux sortes ; pour partie elles se rapportent à la procédure à laquelle elles donnent sa forme particulière, pour partie à l'objet du procès, au droit litigieux qu'elles décrivent. Elles déterminent ainsi la base de la contestation. Sous ces deux aspects, les *Actiones Legis* prennent leur fondement immédiat dans les lois et c'est des lois mêmes qu'elle tirent leur nom. La procédure qui, par leur moyen, est organisée, est réglementée par les lois ; les droits qu'elles serviront à faire valoir prennent également leur source dans les lois et sont exprimés au moyen de paroles légales.

Il ne sera pas sans intérêt d'indiquer, en quelques mots, le développement historique du système des Actions de la Loi qui, pendant près de six siècles, fut en vigueur à Rome.

Tenues secrètes par les Pontifes (3) ainsi que le

(1) Il ne faudrait pas prendre ici le mot formule dans le sens particulier qu'il a eu plus tard, lorsqu'il a désigné l'ordre de condamner ou d'absoudre, adresse par le préteur au *judex*. Quant à savoir si, au temps des *Actiones Legis* et notamment en matière de *Legis Actio per condictionem*, la formule dans ce sens particulier aurait existé déjà depuis une loi Calpurnia, c'est là une pure conjecture sans vraisemblance interne, comme le dit M. Girard (*Manuel*, p. 969 et note 2 et renvoi à Keller : *der römische Civilprocess*, Leipzig, 1855, 2e éd., chap. II, § 18, p. 74).

(2) *Cursus der Institutionen*, Leipzig, 1851, t. II, p. 82.

(3) Ihering. — *Op. cit.*, t. III, p. 85, note 59. — Accarias. *Op. cit.*, 4e éd., no 740 a., p. 673.

calendrier, à une époque où les patriciens seuls accédaient au pontificat, les Actions de la Loi étaient d'un accès difficile et même périlleux pour le plus grand nombre. En effet, il importait, avant tout, ici, de ne pas employer un mot pour un autre comme nous l'avons vu et, de plus, de procéder un jour favorable. Tous les termes, même synonymes, ne permettaient pas d'organiser valablement une instance et si, à force de soins, on parvenait à connaître les expressions formelles à employer, tout danger d'échec n'était point encore écarté, car le plaideur devait s'assurer, en outre, de ce que le jour choisi par lui fût opportun. Or, ces notions étaient difficilement connues en temps utile des plaideurs, car les Pontifes s'attachaient avec le plus grand soin à s'en assurer le secret.

Mais, au cours des siècles, la connaissance des formes juridiques tendait à se vulgariser de plus en plus ; peut-être leur rigueur parut-elle excessive et motiva-t-elle l'aversion que, d'après Gaïus (1), elles finirent par inspirer, aversion qui, sans doute, fut une des causes de leur abandon.

Après avoir jeté un coup-d'œil sur le développement du système, il sera utile d'en étudier le fonctionnement.

Nous ne chercherons pas à analyser successivement les cinq Actions de la Loi, les cinq modes suivant lesquels on pouvait *agere lege* (2) ; mais, pour l'intelligence

(1) GAIUS. *Com.*, IV, 30.
(2) GAIUS. *Com.* IV, 12.

des doctrines à examinee au sujet de la consommation du droit d'agir, consommation rattachée par certains auteurs à la *Litis Contestatio*, il est nécessaire d'indiquer à quel instant celle-ci a lieu. Dans ce but, nous jetterons un coup d'œil d'ensemble sur la marche du procès.

Un trait distinctif de la procédure romaine, tant à l'époque dont nous avons à nous occuper ici, qu'à celle postérieure à la loi *Æbutia*, est la division de l'instance en deux phases distinctes ayant lieu, la première devant le magistrat, *in jure* (1), la seconde devant le ou les juges, *in judicio*.

Cette distinction entre *le jus* et le *judicium* semble remonter assez haut, à une époque antérieure à la Loi des XII Tables (2), quoiqu'à l'origine peut-être, les rois eussent eux-même organisé l'instance et tranché le procès. En tous cas, le tribunal des décemvirs a, dès longtemps, été désigné par le magistrat pour rendre la sentence.

Une question plus délicate est celle de savoir à quelle époque il faut placer l'institution du *judex unus*. La solution dépend de la portée et de la date attribuées à la loi *Pinaria*, citée par Gaïus, IV, § 15, dans un passage mutilé. Les uns, parmi lesquels Bethmann-Hollweg (3) et Puchta (4) lisent : *ante eam legem nondum dabatur*

(1) Ce caractère manquait à la *pignoris capio*, de là l'hésitation signalée par Gaius. *Com.* IV, 29.

(2) Accarias. *Op. cit.* t. II, n° 733.

(3) *Op. cit.* t. I, p. 66.

(4) *Op. cit.*, t. I, § 53, p. 185 ; t. II, § 154, p. 32 ; § 161, p. 86.

judex; il s'ensuit que, pour ces auteurs, la loi *Pinaria* a institué pour la première fois l'*unus judex*; quant à la date de la loi, elle est incertaine ; Bethmann-Hollweg, sur la foi de Rudorff, inclinait à adopter l'année 322 *a. U. c.* (1). Les autres, à l'avis desquels il paraît plus sûr de se ranger, depuis les dernières révisions du palimpseste de Vérone, lisent : *statim dabatur judex*, d'où il suit que l'innovation de la loi ne consiste nullement dans l'institution du *judex unus*, mais bien plutôt dans celle d'un délai de trente jours à la fin duquel le magistrat désigne le *judex* aux plaideurs (2). Quant à la date de la loi elle-même, son intérêt devient très faible et M. Girard pense qu'il est téméraire et arbitraire de vouloir la déterminer actuellement (3).

Devant le magistrat, *in jure*, sont prononcées les paroles solennelles et formalistes de la *Legis Actio*; devant le *judex*, *in judicio*, ont lieu les plaidoiries et le prononcé de la sentence.

Après avoir jeté une vue d'ensemble sur la procédure romaine au temps des Actions de la Loi, nous allons examiner en quoi elles étaient extinctives. Nous mettrons en évidence le principe sur lequel reposait la consommation du droit du demandeur d'agir à nouveau.

(1) Beth.-Holl. *Op. cit.*, t. I, p. 65 et note 22.
(2) En ce sens : Girard. *Manuel*, p. 963. — Accarias. *Op. cit.* t. II p. 649, note 4. — Tardif. *Litis Contestatio*, p. 7, note 36.
(3) Girard. *Loc. cit.*

§ II. — De la *Litis Contestatio*.

Un effet extinctif a été rattaché à la *Litis Contestatio* nous allons montrer en quoi elle consiste et à quel instant elle se produit au cours du procès.

La définition de la *Litis Contestatio* nous est donnée par Festus, *verbo* : *Contestari*.

Contestari est cum uterque reus dicit : Testes estote. Contestari litem dicuntur duo aut plures adversarii quod ordinato judicio utraque pars dicere solet : Testes estote.

Le caractère propre de la *Litis Contestatio* consiste donc, du moins à l'origine, en un appel de témoins : de cet appel de témoins elle tire son existence et le nom qu'elle a conservé dans la suite de la procédure romaine, nonobstant les modifications si importantes que celle-ci a subies.

Il faut voir dans le principe de cette institution la confusion, placée d'ailleurs aux débuts de toutes les législations primitives, entre l'existence de l'acte juridique même et la preuve de cette existence, si bien que, pour les légistes de l'antiquité, l'acte juridique n'a pas une existence propre, indépendante de sa preuve. Si l'on rapproche maintenant de cette idée la prédilection pour la preuve testimoniale et pour la solennité de la forme, nous arrivons tout naturellement à supposer que les Romains ont cherché à obtenir ici une attestation solennelle, destinée à établir pour la suite la contestation intervenue entre adversaires relativement à un litige. Ce sens du mot *contestatio* nous le retrouvons, en matière de testament, dans un texte d'Ulpien (L. 20 § 8 D. xxxviii., 1.) cité par Keller (1).

Cet appel de témoins se plaçait sans doute au moment où les parties avaient achevé d'exposer au magistrat leurs griefs et leurs moyens, son but était de servir à prouver que la procédure devant le magistrat, la procédure *in jure*, avait été régulièrement accomplie.

Quel a été le rôle de la *Litis Contestatio*, quelle influence cette phase de la procédure romaine a-t-elle exercée sur le sort de l'instance et sur le fond même du droit ? Tel est le double problème qui se pose à l'esprit. Il semble qu'elle ait joué là, jusqu'à un certain point, un double rôle, à la fois conservateur et destructif.

Conservateur, puisqu'elle rend perpétuelles des actions jusque là temporaires et transmissibles des actions non transmissibles. Un fragment célèbre de Gaïus, rapporté au *Digeste* (L. 139 D. L, 17) et souvent cité nous le fait entendre très clairement: *Omnes actiones quæ tempore aut morte pereunt, semel inclusæ judicio salvæ permanent.* Le jurisconsulte romain entend par ces mots : « *semel inclusæ judicio* », que l'instance a été conduite jusqu'à la *Litis Contestatio.* En effet, en ce qui concerne les actions non transmissibles, mises ici en parallèle avec les actions temporaires, Callistrate nous dit que c'est bien la *Litis Contestatio* (arg. des mots

(1) Keller. *Litis Contestatio und Urtheil*, Zurich, 1827, p. 1.

lites contestatas), qui les fait passer aux héritiers du *de cujus* (1). Cet effet de la *Litis Contestatio*, au moins en ce qui touche les actions rendues perpétuelles ne s'est pas étendu à toutes les instances régulièrement organisées et a d'ailleurs souffert pour toutes de graves limitations, comme nous devons l'exposer plus loin.

Nous avons dit, en outre, que la *Litis Contestatio* jouait un rôle destructif; cette fonction que les Allemands appellent : vertu extinctive (2), est la plus importante peut-être de toutes celles qu'elle exerce. Keller la décrit dans les termes suivants :

« Par là (la *Litis Contestatio*), l'action est déduite *in judicium* et consommée, autrement dit, une action une fois conduite jusqu'à la *Litis Contestatio*, ne peut plus, dans la suite, être intentée de nouveau avec succès (3). Gaïus fait allusion dans ses *Commentaires* à cette extinction que produirait la *Litis Contestatio*. Il nous en entretient par deux fois, en premier lieu au sujet des modes d'extinction des obligations (4), puis lorsqu'il nous expose la division des *judicia* (5). Il semblerait donc bien certain qu'au temps de Gaïus la *Litis Contestatio* éteindrait le droit d'action du demandeur. Aussi M. Tardif (6) affirme-t-il que : « Tout droit sur lequel

(1) (L. 58, D. XLIV, 7).
(2) *Die consumirde Wirkung der Litis Contestatio*. — Cf. SCHWALBACH. *Zsavst, R. A.*, t. VII, pp. 113 et ss.
(3) KELLER. *Litiskontestatio und Urtheil*, p. 82.
(4) GAIUS. *Com.*, III, §§ 180-181.
(5) GAIUS. *Com.*, IV. §§ 106-108.
(6) TARDIF. *Etude sur la L. C.* Thèse Paris, 1881, p. 124.

est intervenu une *Litis Contestatio* est impuissant à fonder une action ».

La division du procès en deux phases permet, *a priori*, de placer la *Litis Contestatio*, soit *in jure*, soit *in judicio*.

Un très grand nombre d'opinions différentes ont été émises, non seulement sur la place de la *Litis Contestatio*, mais encore sur sa nature. La littérature est même si abondante à ce sujet que Keller (1) se déclare dans l'impossibilité d'étudier même la moitié de celle existant de son temps. Nous nous bornerons donc à indiquer brièvement les principales doctrines. Les uns, partant de cette idée que la *Litis Contestatio* consiste dans un débat où chaque partie allègue le bien fondé de ses dires, la placent *in judicio*, cette opinion, une des plus anciennes, soutenue par Cujas et Goldschmitt, nous semble rencontrer actuellement bien peu de partisans (2) ; une autre doctrine admettait deux *Litis Contestationes*, l'une *in jure*, l'autre *in judicio* ; la première sans doute à la fin de la procédure devant le magistrat, la seconde au début du *judicium* (3). Enfin une troisième doctrine, celle que nous avons admise au début de nos recherches et qui nous semble être la plus généralement adoptée de nos jours, place la *Litis Contestatio in jure*. Le texte de Festus dont, nous avons tiré argument déjà pour en conclure que la *Litis Contestatio*

(1) *Litis contestatio und Urtheil*, § 2, note 2. Cf. pp. 15 ss.
(2) Cprz. TARDIF. *Op. cit.*, p. 5.
(3) KELLER, *Litis Contestatio und Urtheil* § 3, note 6, *in fine*.

consistait essentiellement en un appel de témoins, porte que cet appel a lieu *ordinato judicio*, c'est à dire au moment de l'organisation du *judicium*. Or n'est-ce pas *in jure* que le *judicium* futur est organisé par le magistrat lui-même ? Ne sera-ce pas *in jure* également que les témoins seront appelés, puisque cet appel doit leur être adressé au moment même de l'organisation du *judicium* ? L'affirmative ne semble pas douteuse, aussi a-t-elle été généralement admise jusqu'ici (1). Peut-être nous objectera-t-on que Valerius Probus, source de Festus, parle du droit de son temps et qu'il se place à une époque très certainement postérieure à la loi *Æbutia*, que par suite, on ne saurait avec exactitude et pour la période des *Actiones Legis*, argumenter de ce qu'il nous dit ? Evidemment ; mais, tout en reconnaissant le poids de cette objection, ne peut-on alléguer qu'il semble au moins conforme à l'esprit de suite des Romains d'avoir maintenu à la *Litis Contestatio*,

(1) En ce sens, Keller, *L. C. und Urth.*, p. 2. — Puchta. *Op. cit.*, t. II, § 172, pp. 186 et ss., refuse à la *L. C.* d'avoir eu pour but d'informer le *judex* des événements survenus *in jure* et en fait une pure solennité marquant le terme de la procédure devant le magistrat. — Bethmann-Hollweg, *Op. cit.*, t. I, § 49, pp. 176-177 suit la doctrine de Keller et cite le passage de Festus déjà connu, de plus il voit dans la *L. C.* un contrat l. c. n. 3. — Pour Karlowa, *Der römische Civil process zur Zeit der Legisactionen*, Berlin 1872, p. 337, la *L. C.* a également lieu *in jure* et consiste, à vrai dire, en une discussion survenue entre les parties devant les témoins. — Placent également la *L. C. in jure* : M. Tardif. *Etude sur la L. C.*, Paris 1881 p. 5 et ss. — Accarias. *Précis de Droit romain*, Paris, 1891, t. II, n. 722. — Girard. Manuel, Paris 1898, p. 952, n. 1, place également la *Litis Contestatio in jure* mais avant les formalités de la *Legis Actio*.

dans la nouvelle procédure, la place qu'elle occupait antérieurement à la loi *Æbutia*? Au surplus, la question de savoir à quel moment de la procédure *in jure* doit se placer exactement cet appel de témoins nous importe fort peu, étant donné, d'autre part, le système que nous nous proposons de développer ici quant au principe de l'extinction du droit au temps des *Actiones Legis*; nous sommes donc prêt à admettre, avec M. Girard, que la *Litis Contestatio* trouvait sa place au début de la procédure *in jure*, ce qui est surtout vraisemblable depuis la loi *Pinaria*, car on se demande alors avec inquiétude en quoi auraient été utiles au *judex*, pour éclairer sa religion, les dires des témoins appelés trente jours après l'accomplissement des formalités de la *Legis Actio*, accomplissement qu'ils avaient pour mission d'attester devant lui? D'un autre côté, nous nous croyons fondé à admettre que, soit avant, soit après l'achèvement de la *Legis Actio*, la *Litis Contestatio* fait sûrement partie de la procédure *in jure* et non de la procédure *in judicio*. Quant à l'existence même de la *Litis Contestatio*, déjà au temps des *Actiones Legis*, elle nous paraît certaine (1) et, comme le fait remarquer Bethmann-Hollweg, il y a une raison décisive pour l'admettre dès cette époque. En effet, elle correspond au caractère solennel de l'ancienne procédure; de plus il n'y avait pas alors de formule pour servir de lien entre le *jus* et le *judicium* (2).

(1) De Fresquet. *Traité élémentaire de Droit Romain*, t. II, p. 403, semble la mettre en doute au temps des *Actiones Legis*

(2) Bethmann Hollweg. *Op. cit.*, t. I, p. 178, t. II, p. 478, où il

Etant donné, d'une part, que la *Litis Contestatio* est une partie constitutive importante de la procédure *in jure* et que, d'autre part, aucune *Legis Actio* ne peut être mise plus d'une seule fois en œuvre à l'occasion de la même espèce *de eadem re*, des auteurs en auraient conclu que le principe de la consommation du droit par la *Litis Contestatio* existait déjà au temps des *Actiones Legis*. M. Girard, sans citer, d'ailleurs, aucun auteur à l'appui de son dire, affirme même qu'on a « très généralement » rattaché cet effet extinctif à la *Litis Contestatio*, dès cette première époque (1).

Ainsi, dans ce système que repousse, d'ailleurs, M. Girard, on est accoutumé de dire qu'une action, et

dit, en parlant de la procédure formulaire que, encore pendant cette période existe la *Litis Contestatio*. — En ce sens aussi : Puchta. *Op. cit.*, t. II, pp. 186 et ss., qui expose les deux systèmes, l'un admettant, l'autre repoussant l'existence de la *Litis Contestatio* au temps des *Actiones Legis*. Parmi les auteurs qui ont soutenu le second, il cite Heffter. *Instit. des römischen und teutsch. Civilprocess.*, 1825, pp. 281 et s., 295 et surtout Bethmann-Hollweg ; ce dernier, en effet, après avoir soutenu la négative, s'est définitivement rangé à l'avis de Keller, comme il nous le dit lui-même (Cf Bethmann-Hollweg, *Loc. cit.*, t. II, p. 480, n. 9) et cette volte face est encore signalée par M. Wlassack. *Die Litiskontestation in Formularprocess*, Leipzig, 1889, pp. 4 et 5, note 1. La doctrine de Puchta a cela de particulier que cet auteur fait de la *Litis Contestatio*, une « pure solennité » marquant simplement la fin de la procédure *in jure*. Admet également la *Litis Contestatio* au temps des Actions de la Loi : — Keller. *rom. Civilpr.* § 59, p. 241. *Eisele Abhandlungen zum römisch. Civilpr.* Freiburg, i. B, 1889, p. 11, parle également de *Litis Contestatio* au temps des *Actiones legis*. — Cf. aussi pour l'existence de la *Litis Contestatio* au temps des Actions de la Loi : M. Tardif. *Op. cit.*, pp. 1 à 8, et Wlassak. *Op. cit.*, p. 84, *in fine*.

(1) Girard, *Op. cit.*, p. 952, note 1.

ici nous prenons le mot action dans le sens donné par les *Institutes*, c'est-à-dire comme le droit de poursuivre en justice ce qui nous est dû (1), est éteinte lorsqu'elle a été conduite jusqu'au moment où la *Litis Contestatio* a eu lieu (2).

A vrai dire, il nous paraît, au contraire, que cette doctrine compte peu de partisans ; ceux-ci mêmes semblent tenir le principe pour certain sans discussion, l'attribuent purement et simplement à Gaïus, à l'exemple de M. Gaston May (3), ou, sans distinguer entre l'époque des *Actiones Legis* et celle du système formulaire, disent que l'extinction du droit originaire est généralement signalée dans les sources comme « la conséquence première et immédiate de la *Litis Contestatio* » (4).

(1) *Institutes* de Justinien, IV, VI, Pr.

(2) Nous remarquons qu'en son ensemble, la règle ainsi énoncée peut se trouver exacte, mais au cas seulement où la *Litis Contestatio* termine la procédure *in jure*, car, alors, en fait, tous les rites de la *Legis Actio* ayant été accomplis, la réitération en est devenue impossible. Si, par hypothèse, au contraire, la *Litis Contestatio* a eu lieu à tout autre moment, par exemple, dès le début de la *Legis Actio*, avant tout autre formalité, comme le voudrait M. Girard, *loc. cit.*, la règle précédente cesse d'être juste, car ce n'est pas en réalité la *Litis Contestatio* seule qui est la cause efficiente de la destruction du droit.

(3) Gaston May. *Eléments de Droit Romain*, Paris, 1890, t. II, p. 498, n. 3 où l'auteur cite Gaïus, IV, 108.

(4) Charles Mainz. *Cours de Droit romain*, Bruxelles, 1876, t. I, p. 534. — Cf. également Keller. *Der römische Civilprocess und Actionen*, 2e édition, Leipzig, 1855. Ch. 3, § 60, pp. 246-247, où il nous dit que la *Litis Contestatio* a toujours, directement et sans distinction, rendu impossible la réitération de la même *Legis Actio*. Quant à la

§ III. — De la règle : *bis de eadem re ne sit Actio*

En cette obscure matière, les renseignements qui nous sont parvenus sont, pour la plupart, vagues et incertains. Nous devons donc nous rattacher avec force à tout principe certain et absolu quand nous le rencontrons sur notre route.

Or, que la *Litis Contestatio* se place au début ou à la fin de la procédure *in jure*, soit avant, soit après la nomination du juge, qu'elle se place même *in judicio* et qu'elle ait alors seulement lieu devant celui-ci et non devant le magistrat, tout cela importe peu, ce ne sont que des hypotèses, pendant qu'un seul point est absolument certain et démontré, à savoir qu'un droit une fois mis en œuvre, à l'occasion duquel les rites de la *Legis Actio* ont été accomplis, est perdu par là même pour qui le possédait, indépendamment de l'issue du procès, absolution ou condamnation du défendeur. Ce principe est attesté par Gaïus, (IV, 108), dans des termes qui nous le présentent avec ce caractère d'authenticité dont nous parlions tout à l'heure; point n'est besoin d'hypothèses ni de déductions pour le découvrir,

distinction qu'il présente *loc. cit.*, note 712, entre les *actiones in rem et in personam*, nous avons dit déjà qu'elle ne nous paraissait pas convenir au temps des *Actiones Legis*, étant donné la généralité des termes employés par Gaïus et l'absence, à cette époque, de toute exception. — GAÏUS, IV, 108.

il suffit de lire : *qua de re semel actum erat, de ea postea ipso jure agi non poterat.* Dire avec M. Gaston May (1) que Gaïus avait ici en vue un des effets de la *Litis Contestatio* est une simple hypothèse ; dire, au contraire, qu'une *Legis Actio* une fois accomplie ne pouvait plus être répétée une seconde fois pour faire valoir le même droit, c'est traduire littéralement les expressions mêmes du jurisconsulte romain. Et alors nous sommes absolument fondé à écrire : l'accomplissement des rites de la *Legis Actio* ne peut avoir lieu qu'une seule fois (2) d'où cette conséquence directe, la même demande ne peut être introduite qu'une seule fois. Il devient inutile de discuter sur les formes de la *Litis Contestatio*, même sur son existence au temps des Actions de la Loi, puisque, par là, elle est mise hors de cause (3) et que l'extinction du droit d'agir ne découle plus d'elle, mais bien de la règle : « *bis de eadem re ne sit actio* (4). »

(1) Gaston MAY. *Op. cit.* t. II, p. 498, note 3 et p. 500.

(2) En ce sens : SOHM. *Institutionen*, p. 145. Il en était ainsi dans l'ancien droit allemand (*Loc. cit. n. 1*) en vertu de la maxime : « *Ein Mann, ein Wort* », c'est-à-dire un homme n'a qu'une seule parole. Cette parole une fois prononcée ne peut être retirée, ni répétée, ni amendée. Ainsi les formes solennelles de la *L. A.* ne peuvent être accomplies qu'une fois.

(3) En ce sens : ACCARIAS. *Précis de Droit romain*, 2e édition, Paris 1881, t. II, p. 864, où l'on lit : « A l'époque des *L. A.* il est certain que la *L. C.* n'a aucune prise sur le droit qui servait de base à l'action ».

(4) Quant à voir, dans l'extinction du procès, l'influence d'un prétendu dualisme entre l'action et la prétention et à rattacher à ce dualisme la théorie de la consommation de l'action, comme le propose Bekker

A. — Origine de la Règle

Cette règle a une origine obscure; suivant les uns, elle prendrait sa source dans une loi, suivant les autres, elle serait de formation coutumière.

Bekker (1), partisan de la seconde opinion, constate l'existence de ces deux doctrines entre lesquelles nous ne pouvons guère nous prononcer textes en mains. Toutefois, il ne nous paraît pas impossible de justifier, en faveur de la seconde, nos préférences.

En premier lieu, les auteurs qui voient dans une loi la source de la règle ne s'accordent pas sur la disposition législative qui l'a consacrée. Pœschmann la place dans une loi *Petronia* remontant au IVe ou au Ve siècle de Rome, tandis que Krüger la fait remonter à la Loi des Douze Tables. Ainsi les partisans de ce premier système ne sont unanimes ni sur la loi qui a sanctionné la règle, ni sur la date même de cette loi. En second lieu, au cas d'une disposition législative expresse, il est au moins très vraisemblable que la règle aurait revêtu une forme unique et que nous la rencontrerions cons-

(*Die aktionen des römischen Privatrechts*, Berlin, 1871, t. I, *Zur Konsumptionslehre*, p. 317) opposant cette hypothèse à son propre système, nous ne croyons pas devoir le faire; cette subtile distinction ne paraît pas avoir été faite à Rome et nous semble peu conforme avec une législation primitive.

(1) Bekker. *Die Aktionen des römischen Privatrechts*. Berlin, 1871, t. I, — Beilage II, p. 334.

tamment exprimée sous les mêmes termes, les termes de la loi qui l'aurait établie ; or, c'est le contraire qui se produit, nous rencontrons tantôt *bis de eadem re ne sit actio*, tantôt *bis de eadem re agere non licet* (1). Ces formules ne semblent pas provenir des Douze-Tables dont elles ne rappellent le style en aucune façon, ni d'aucune autre loi de la même époque, car, sûrement, les collaborateurs d'Appius Claudius et leurs contemporains se seraient exprimés dans des termes plus concis et plus impératifs. Quant aux mots de Julius Victor : *Quum lege cautum sit ne bis de eadem re agere liceat*, dont Krüger tire argument pour en inférer que ce mot *lege* se reporte à la loi des Douze-Tables, il ne nous paraît pas décisif, eu égard précisément à la rédaction de la formule qui appartient toute entière à une littérature sûrement postérieure à celle de la Loi des Douze-Tables.

Par suite, il nous semble plus conforme aux probabilités d'admettre, dans l'incertitude où nous nous trouvons plongé, la doctrine de Bekker (2), adoptée par Bethmann-Hollweg (3) et d'attribuer, avec ces auteurs,

(1) Cf. Tardif. *Op. cit.*, p. 124, et surtout, en ce qui concerne les sources de la règle, Bekker : *Die Processualische Consumption*, Berlin 1853, pp. 21 à 28. Dans les deux fragments de *Quintilien* cités par l'auteur, p. 21, nous trouvons la règle énoncée de trois façons différentes. On trouvera une riche collection de textes relatifs à la règle *bis de eadem re ne sit actio*, dans Rudorff. *Römische Rechtsgeschichte*, Bernard Tauchnitz Leipzig, 1859, t. 2, § 78, p. 261, note 1, et dans Cogliolo. *Trattato teorico pratico*, p. 3.

(2) Bekker. *Loc. cit.*, p. 334.

(3) Bethmann-Hollweg. *Op. cit.*, t, II, p. 486, note 7.

à l'ancien *jus civile* l'origine de la maxime *bis de eadem re ne sit actio*. Gaïus, rappelant cette règle, aurait indiqué sans doute, si elle eût existé, la loi qui l'aurait établie. En conséquence, nous attribuerons à cette maxime, avec M. Tardif (1), une origine coutumière, origine qui, eu égard à son ancienneté même, est tout particulièrement vraisemblable, puisque la plupart des procédures touchant les Actions de la Loi paraissent être « le produit d'un développement coutumier antérieur aux Douze-Tables » (2).

B. — Portée de la Règle

La règle *bis de eadem re ne sit actio* tire sans doute son importance, comme le pense Bekker (3), d'une idée d'ordre public : « Un magistrat ne saurait être importuné deux fois au sujet du même litige. » Cela serait incompatible avec le respect que doit inspirer la fonction publique dont il est revêtu. Cette pensée est aussi celle de Bethmann-Hollweg (4), qui considère comme contraire, tant à la dignité de la justice qu'à l'équité vis-à vis du défendeur de laisser le champ libre aux vexations du demandeur, lequel pourrait, en l'absence de la règle, rechercher aujourd'hui son adversaire, quitte à

(1) Tardif. *Loc. cit.*, p. 124 ss.
(2) Girard. *Op. cit.*, p. 947.
(3) *Die Processualische Consumptio*, p. 5.
(4) Bethmann-Hollweg. *Loc. cit.*, t. II, p. 485.

abandonner demain ses poursuites, pour les reprendre le jour suivant. La magistrature et la défense ont, au contraire, le droit d'exiger de lui qu'il conduise son procès avec la gravité qu'il comporte, c'est-à-dire, qu'il le poursuive jusqu'à la sentence ou que, s'il l'abandonne en chemin, du moins il lui soit impossible plus tard de l'agiter à nouveau (1).

De cette façon, le plaideur ne peut introduire une seconde fois sa demande; s'il le fait, nonobstant la règle, le magistrat ne prêtera pas son concours à une nouvelle *Legis Actio de eadem re* (2). Le droit d'agir est éteint depuis le premier procès. Cette extinction, d'ailleurs, s'opère de plein droit *ipso jure*; donc elle peut être invoquée devant le magistrat dès le début de l'instance, nous en trouvons une preuve formelle dans Gaïus (IV, 108). Il est difficile, par exemple, dans l'ignorance où nous laissent les textes à ce sujet, de vouloir préciser comment le magistrat rendait valable au profit du défendeur cette extinction du droit de son adversaire.

(1) M. Pernice (*Zsavst. R. A.*, 1898, t. XIX, p. 145) voit, dans la règle, une restriction apportée aux pouvoirs du magistrat, quelque chose d'analogue à la *provocatio ad populum* en matière pénale. Le consul se trouve lié par la nomination du *judex*, il lui est impossible d'en nommer un second; par suite, il ne peut exercer aucune influence sur la sentence. Pour M. Thomas (*Évolution de la théorie de la chose jugée*, Toulouse, 1898, p. 20) la règle contient une limitation apportée au droit de vengeance privée.

(2) Cf. Tardif. *L. C.* § 177, p. 152.

C. — Fonctionnement de la règle.

Pour les auteurs qui reconnaissent au magistrat au temps des *Actiones Legis* la faculté du *dare* et du *denegare actionem* (1), celui-ci, venant à s'apercevoir que le droit du plaideur est éteint, refuse l'action (2). Au contraire, lorsqu'on estime, avec raison, pensons-nous, que le préteur ne donne, ni ne refuse une *Legis Actio*, mais que celle-ci est donnée par la loi elle-même ou n'existe pas, ce n'est plus la *Legis Actio* qu'il refuse, mais simplement son concours. En effet, ne peut-on admettre tout à la fois avec Karlowa que le préteur n'a le pouvoir ni de donner, ni de refuser une Action de la Loi, mais qu'on peut cependant lui accorder

(1) Karlowa. *Op. cit.*, p. 342, note 1, cite Demelius, Sell et Krüger. Voici ce que dit Sell : *De exceptionum usu, qui legis actionum tempore fuerit, commentatio*, Bonnæ, MDCCCLXVII p. 34, note 2, *in fine*, p. 36, où, comme dernier argument à opposer à Ihering, lequel refuse au magistrat le pouvoir de *denegare actionem*, il ajoute : *Proposuimus autem supra, ubi de dilatoriis exceptionibus dicebamus, certissima quædam exempla, quibus a magistratu legis actio denegata esset ; neque omnino intelligi potest, cur in illa causa hoc facere prohiberetur, si quidem jure civili reo potestas concessa erat exceptionum peremptoriarum forma sponsionis actionibus stricti juris opponendarum. Vidit etiam Demelius Iheringii sententiæ assentiendum non esse, quâ negaret magistratum unquam legis actionem denegare potuisse.*

(2) Cf. en ce sens Lenel. *Ueber Ursprung und Wirkung der Exceptionen*, Heidelberg, 1876. Ch. I, § 5, pp. 41-42 : *Dass der Prætor befügt war... die Legis Actio zu verhindern.... dass die Hand habung des Satzes : bis de eadem re ne sit actio... durch den Prætor geschah.*

la liberté de prêter ou non son concours aux formalités de la *Legis Actio* elle-même et ce, à moins d'en faire un personnage purement passif, jouant uniquement un rôle par sa presence, ce qui serait tomber presque, nous semble-t-il, dans une invraisemblance? A notre avis, le préteur s'apercevant que le droit du demandeur a déjà fait l'objet d'une *Legis Actio* précédente, refuse purement et simplement de coopérer à de nouvelles formalités, et s'abstient de prononcer les paroles sacramentelles. Par là il rend valable à la fois *ipso jure*, l'extinction du droit déjà allégué et cependant il ne refuse pas l'Action de la Loi comme plus tard il refusera la délivrance de la formule. En admettant cette doctrine, nous ne tombons pas croyons-nous, dans la confusion de l'extinction *ipso jure* et de la *denegatio actionis*, *denegatio actionis* qui, dans le système antérieur à la loi *Æbutia* est une expression, pour ainsi dire, imaginaire, à laquelle rien ne répond dans la réalité. M. Girard (1) qui combat notre opinion et pour lequel le rôle du magistrat « se résume dans un concours pour ainsi dire mécanique à la solennité légale », affirme qu' « il commettrait une forfaiture en refusant ce concours dans les conditions légales ». Mais, précisément, nous prétendons nous trouver en dehors de ces conditions légales quand, en vertu de l'accomplissement d'une *Legis Actio* antérieure, le droit du demandeur est éteint; en ce cas, d'après les principes eux-mêmes, il

(1) *Nouvelle Revue Historique*, année 1897, p. 256, texte et note 3, p. 257.

n'a plus aucun droit à *lege agere.* » Prétendre que malgré tout le magistrat doive prêter ici son concours à l'accomplissement de la *Legis Actio* et soit forcé d'en prononcer les paroles solennelles, cela nous paraît être directement en opposition avec le respect que la fonction publique dont il était investi, inspirait aux Romains (1). Il nous semble plus vraisemblable d'admettre qu'au moment où le préteur reconnaissait, non pas le bien fondé ou le mal fondé de la demande — il ne l'examinait pas — mais l'extinction en fait du droit d'agir, il n'était plus dès lors contraint de prêter son concours aux formalités de la *Legis Actio* et pouvait, non pas encore une fois, refuser cette dernière, mais seulement s'abstenir d'y concourir.

Or, comment le magistrat arrivait-il à être instruit de cette question de fait, à savoir qu'une précédente *Actio Legis* avait eu lieu de *de eadem re*? Au cas d'une action personnelle il en était facilement averti par les dénégations apportées par le défenseur au *dare oportere* qu'on lui oppose, on ne voit pas, au contraire, où il trouvera cette indication au cas d'une action réelle. Cette difficulté disparaît si l'on accorde, avec nous, au défendeur la possibilité de prononcer *in jure* quelques paroles explicatives avant de procéder à la *Legis Actio* (2).

(1) Bekker (*Die Processualische Consumptio*, Berlin 1853, p. 280, § 22) nous semble méconnaître ce principe en disant que « si le droit était déjà éteint par une première action, le *sacramentum* ne pouvait plus être déclaré *justum* par le *judex* ».

(2) Nous pensons que les plaideurs, avant de prononcer les paroles solennelles de la *Legis Actio* décrivent habituellement au magistrat,

M. Girard (1), qui la lui refuse, se voit obligé de dire qu'au cas d'*actio in rem*, l'extinction du droit ne se serait

en des termes quelconques, le différend qui les amène devant lui, différend sur lequel la rapidité et parfois même les violences de la *vocatio in jus* ne leur auront pas permis de s'expliquer (BETHMANN-HOLLWEG, t. I. p. 114. — PUCHTA, t. II. § 161 p. 81). — Cette opinion est combattue par KARLOWA. *Der römische Civil process zur Zeit der Legisactionen*, Berlin, 1872, § 45, p. 341), cet auteur, partant de ce fait, qu'au temps des Actions de la Loi, le magistrat n'a pas le pouvoir de donner ou de refuser l'action, comme il a plus tard celui de délivrer ou de refuser la formule, en conclut qu'aucun débat ne précède *in jure* les paroles solennelles de la *Legis Actio*. L'utilité du débat préliminaire aurait été précisément de permettre aux parties de démontrer l'exactitude de leurs prétentions afin de ne pas subir la *denegatio actionis*. Or le *dare* et le *denegare actionem*, expressions qui ont toutes deux un sens propre, sont absolument hors de cause à l'époque des *Actiones Legis* (GIRARD. *Manuel*, p. 952); les admettre ici serait mettre en doute l'existence même du système des Actions de la Loi. En effet, si, à l'époque postérieure, le magistrat a effectivement pu délivrer ou refuser la formule au temps des Actions de la Loi, il n'avait pas à accorder une action, il devait simplement se prêter à la *Legis Actio* dans les cas où la loi le permettait ou y refuser son concours dans les cas où elle ne le permettait pas. Nous estimons que, précisément, il est au moins un cas dans lequel la loi ne permet pas de *lege agere* et ce cas est celui où le droit d'agir du demandeur est consommé. Cette consommation, entraînée à la suite d'une précédente action réelle de *eadem re*, le magistrat pourra l'ignorer si on refuse au défendeur la possibilité de la lui faire connaître. Dire qu'en pareil cas ce serait au *judex* à reconnaître le mal fondé de la demande, cela revient à nier la consommation du droit *ipso jure* (GIRARD *Nouvelle Revue Historique*, 1897, p.p. 256-257, note 3). Or, Gaïus, sur ce point, est formel, la consommation *ipso jure* existe et existe seule au temps des *Actiones Legis*; par suite l'extinction du droit d'agir devait se produire *ipso jure* c'est-à-dire avant la comparution des parties *in judicio*. Il résulte pour nous, de ces considérations que le défendeur doit être admis à prononcer quelques paroles explicatives *in jure* avant de procéder avec son adversaire et le magistrat aux rites de la *Legis Actio*.

(1) N. R. H. 1897, p. 256. n. 3. *in fine*.

pas produite : telle est, en effet, la conclusion, non seulement facultative, mais encore forcée de son système. Or comment la concilier avec les paroles d'une portée si générale et si claires de Gaïus (IV, 108) ? étant donné surtout qu'elles succèdent immédiatement au passage dans lequel le jurisconsulte romain nous dit qu'au cas d'*actio in rem* l'extinction ne se produit pas de plein droit dans la procédure formulaire ; certainement il n'aurait pas manqué de citer l'exception (1) existant au temps des *Actiones Legis* touchant l'extinction du droit dans les actions réelles au moment où il vient de la signaler dans le système de procédure contemporain (2).

M. Eisele (3) expose, en premier lieu, notre système qu'il considère comme plus habituellement admis et « contre la possibilité duquel on ne peut élever aucune contradiction ». Puis il se demande ce qu'a entendu Gaïus par ces mots *ipso jure*, qu'il retrouve au *Com. III*, § 181 et au *Com. IV*, § 108. Ces expressions identiques, employées dans deux fragments dont le premier se réfère au système formulaire et le second au système des Actions de la Loi, ne peu-

(1) Nous prenons ici le mot exception dans son sens général, non dans l'acception spéciale qu'il prend en procédure.

(2) En ce sens sur l'extinction *ipso jure* au temps des Actions de la Loi, dans l'*actio in rem* Cf. Bekker : *Die processualische consumptio*, § 22, pp. 281-282. *Bei diesen (den actiones in rem) wirkte im legisactionsprocesse die consumptio.*

(3) *Eisele Abhandlungen zum römischen Civilprocess*. Freiburg i. B., 1889, pp. 30 et ss.

vent se rapporter au même objet ; il n'est pas vraisemblable que le jurisconsulte romain ait voulu assimiler l'*ipso jure* du § 108 à l'*ipso jure* absolument différent du § 107. De plus, en ce qui concerne une action *in rem*, la raison pour laquelle on ne peut agir *ipso jure* d'après le § 108 ne peut évidemment être celle donnée par Gaïus, au § 107, car la question du *dare oportere* ne peut être mise en cause. L'emploi de ces mêmes expressions *ipso jure*, dans ces deux paragraphes repose donc sur autre chose, sur une relation existant à ce point de vue entre la procédure formulaire au cas de consommation *ipso jure* et la procédure des Actions de la Loi. Ce point commun est celui-ci : à savoir que, dans un système, comme dans l'autre, le principe de l'extinction du droit pouvait, pour la première fois, être allégué devant le *judex*, particularité qui est habituellement considérée comme propre à l'*ipso jure*. Toutefois, au cas où le préteur s'apercevrait, d'une façon quelconque, que le droit est éteint, il pourrait évidemment refuser son concours à la *Legis Actio*. Au contraire, continue M. Eisele, il ne paraît pas incompatible avec la dignité du magistrat qu'il laisse entreprendre *in jure* la *Legis Actio*, au cas où elle ne serait pas fondée et fasse trancher la question de sa validité lors seulement du *judicium* qui s'organise devant lui, de telle sorte que l'extinction du droit pourrait encore être rendue valable *in judicio*, quand elle n'aurait pas été agitée *in jure*, ce qui aura lieu, par exemple au cas où le défendeur s'apercevra, après la conclusion de la procédure devant le magistrat, que le procès, actuellement intenté contre lui, l'a déjà été auparavant contre son auteur. Bien plus que le magistrat, ce sont les parties, au temps de la *Legis Actio* qui, en dernière analyse, organisent le *judicium* au moyen de la loi elle-même, en conformant leurs actes solennels à la loi et à la coutume; quant à l'institution du *judex*, elle repose bien moins sur un ordre du magistrat que sur la procédure même convenablement organisée par les plaideurs.

Un *lege agere* est-il entrepris en apparence, tandis que, d'après la loi, le droit d'agir n'existe plus, aucun *judicium* valable ne pourra en résulter. Quant au principe de l'extinction du droit d'agir, il ne pouvait empêcher la réitération effective d'une seconde *Legis Actio*, mais qu'*in judicio*, le fait de cette extinction, basée sur l'existence d'une précédente *Legis Actio*, soit allégué et alors le *judex*, sans avis exprès du magistrat, devait le vérifier et, après l'avoir reconnu exact, refuser de poursuivre plus loin l'affaire, tout comme cela se passait à l'époque de Cicéron, en matière de procédure formulaire sur le fondement de la prescription : *ea res agatur quæ res ante in judicium non venit.* La *causæ conjectio* est le moment le plus propice de tous, pour rendre valable le principe de l'extinction du droit ; d'ailleurs, rien ne fait supposer que même ensuite il devienne impossible de l'opposer ; bien plus, le défendeur pouvait y recourir tant que le *judex* ne s'était pas dessaisi, c'est-à-dire jusqu'au prononcé de la sentence.

Cette doctrine est, en quelque sorte, hybride, puisque son auteur, en cela d'accord avec Karlowa, dont nous avons adopté le système, reconnaît au magistrat la faculté de refuser son concours à l'accomplissement des rites solennels de la *Legis Actio* et admet cependant que la réitération de celle-ci peut avoir lieu, laissant dans ce cas, au *judex*, le soin de débouter le plaideur de sa demande. Il nous semble très douteux qu'elle rende exactement la pensée de Gaïus (IV, 108). Nous inclinons à penser le contraire et à croire que l'*ipso jure agi non potest* indique bien, comme nous le disions tout à l'heure, que l'extinction du droit est définitivement acquise du jour où les formalités de la première *Legis Actio* ont été accomplies ; que, par suite, il n'y aura pas lieu à *lege agere*. Non seulement, comme l'admet au reste M. Eisele, le préteur peut refuser tout simplement son concours, mais encore il le doit, lorsqu'il se trouve en présence de plaideurs se disposant à recommencer, une seconde fois, les rites de la *Legis Actio*, relativement à une même affaire. Nous estimons, avec MM. Tardif et Bekker (1), que le magistrat ne peut être saisi de nouveau. Puchta (2) est très affirmatif dans notre sens quand il déclare que la *lis inchoata* amène la consommation du droit, « la demande », dit-il, « ne peut plus être introduite » et Keller (3) rend admirablement notre pensée sur ce point, en avançant qu'une action, après avoir été une

(1) Tardif. *Op. cit.*, p. 128. — Bekker. *Consumptio*, p. 5.
(2) Puchta. *Op. cit.*, t. II, § 172, p. 179, *in fine*.
(3) Keller. *Litis contestatio und Urth.*, § 8, p. 82.

fois mise en œuvre, « cesse d'exister *ipso jure* ». Enfin, l'opinion de Bekker (1), très explicite, nous paraît absolument décisive : « un plaideur » expose-t-il, « n'avait-il pas réussi dans son procès et voulait-il introduire une nouvelle demande, le magistrat ne le lui permettait pas ainsi simplement. Le demandeur repoussé de *vitibus succisis*, désormais, ne peut agir non plus de *arboribus succisis ; ipso jure agi non potest* (Gaïus IV, 108), c'est-à-dire, il ne peut plus poursuivre l'instance jusqu'à la *Litis Contestatio* ». Or, comme celle-ci se produit *in jure*, il s'ensuit bien que c'est aussi dès la procédure *in jure*, non au moment seulement de la procédure *in judicio*, que le demandeur se voit repoussé.

Placés en face de ce principe certain, d'après lequel le plaideur ne peut soulever plus d'une fois le même litige, qu'une sentence d'absolution ou de condamnation ait été prononcée, ou même qu'aucune sentence ne l'ait été, il est utile d'examiner quels effets entraîne pour lui cette extinction du droit d'action, résultat, comme nous l'avons montré, de l'application de la règle *bis de eadem re ne sit actio*. Nous nous proposons de montrer qu'elle n'a jamais porté préjudice au demandeur, sans la faute de ce dernier, au temps des *Actiones Legis*. En effet, à cette époque, aucun événement fortuit ne peut survenir, par l'effet duquel le *judicium*, organisé par le

(1) Bekker. *Die Aktionen des römischen Privatrechts*, Berlin, 1871. — *Beilage* (*H.*). *Zur Konsumptionslehre*, § IV, p. 336.

magistrat, se trouvera frappé de nullité, en sorte que le demandeur sera toujours assuré de pouvoir poursuivre son procès jusqu'au moment où le *judex*, ayant prononcé sa sentence, l'affaire sera terminée et le différend vidé. Que s'il est négligent et ne procède pas avec la diligence requise aux formalités prescrites, de telle sorte qu'il ne puisse peut-être pas arriver à entendre le prononcé de la sentence, ici, l'application de la règle *bis de eadem re ne sit actio*, combinée avec l'impossibilité où il se trouve de se présenter *in judicio*, aurait bien pour résultat de lui faire perdre irrévocablement son procès, mais outre que, ce cas échéant, il serait naturel de lui faire supporter la peine qu'il a méritée par sa faute, on ne voit pas exactement dans quelles circonstances ce cas même pourrait se réaliser.

En effet, d'une part il n'existe encore aucun terme préfix dont l'échéance vienne rendre non avenus les rites de la *Legis Actio* accomplis devant le magistrat, et, d'autre part, les pouvoirs donnés au *judex* ne sont pas limités, quant à l'époque où il devra prononcer sa sentence, à un jour fatal, passé lequel il ne pourra plus statuer. Restent à examiner, en ce qui concerne le champ d'application de la règle *bis de eadem re ne sit actio*, les hypothèses dans lesquelles les parties font défaut *in judicio*, or, même ici, il faut bien remarquer qu'elle n'aura jamais pour effet d'entraîner aucune conséquence nuisible au préjudice du demandeur, et de le dépouiller de son droit sans qu'il se soit mis en faute. Si, en effet, sans fournir d'excuse, il ne se présente pas devant le juge au jour fixé, d'une part son adversaire est absous en vertu de la règle : « *Post meridiem præsenti litem addicito* » et, d'autre part, il ne pourra intenter de nouveau son procès, mais il ne pourra s'en prendre qu'à lui de ce fâcheux résultat, car il était prévenu à l'avance de ce qui lui arrive. Les deux parties peuvent faire défaut l'une et l'autre ; là, nous dira-t-on peut-être, la règle s'appliquera et aura pour effet de faire perdre au demandeur la faculté de poursuivre à nouveau son adversaire. Tout d'abord, il est bien évident que, là encore, il est en faute; de plus, si l'on admet avec nous que le *judex* pourra renvoyer son audience et le prononcé de sa sentence à trois jours par exemple (1), l'objection disparaîtra aussitôt. Enfin, si le *judex* lui-même, par son absence au jour fixé, met le demandeur dans l'impossibilité de terminer son procès et d'entendre la sentence, alors ce dernier se trouvera sans sa faute dépouillé de son droit d'agir à nouveau, mais seulement si l'on refuse au *judex*, ce qui n'est guère vraisemblable, le droit de remettre l'audience, comme dans le cas précédent, et là même encore le plaideur trouvera-t-il une compensation assurée dans la faculté qui lui est donnée d'agir contre le *judex qui litem suam fecit* (2) ? On peut supposer en dernier lieu

(1) Cette idée est émise par Karlowa. *Op. cit.*, p. 368.

(2) Deux cas peuvent se présenter : 1° L'absence du *judex* tient à une cause quelconque, autre que la mort ; 2° le *judex* est mort.

Dans le premier cas deux hypothèses sont à examiner : *a*) Le *judex* prévient les parties d'une façon quelconque, au moyen d'un acte extra-judiciaire par exemple, d'avoir à se présenter devant lui à un

que le demandeur, hypothèse très grave pour lui, se trompe au moment où il accomplit les rites de la *Legis Actio*; là, à vrai dire, la moindre erreur, combinée avec la règle *bis de eadem re ne sit actio*, entraîne comme conséquence fatale la perte irrévocable du procès. Le plaideur peut donc se trouver ainsi dépouillé du droit le plus sûrement établi, cela paraît absolument certain et Gaïus(1) nous en donne un exemple, mais, en somme, c'est par sa faute. Certes elle est trop rigoureusement punie, mais il aurait dû l'éviter en prenant au besoin les conseils d'un homme versé dans la connaissance de la procédure.

Comme conclusion, il nous paraît bien certain qu'à l'époque où le système des *Actiones Legis* est en vigueur, il n'a jamais pu se faire qu'un plaideur, malgré tous ses soins et toute son attention, sans s'être rendu coupable d'aucune faute, sans avoir la moin-

jour déterminé, autre que celui fixé tout d'abord, ici pas de difficulté. *b)* Le *judex* par négligence, omet purement et simplement de siéger : le demandeur se trouve alors dépouillé de son droit d'action sans pouvoir obtenir une sentence, dans ce cas il agira contre le *judex qui litem suam fecit*.

Dans le second cas, le demandeur n'aura aucun danger à courir si un nouveau *judex* vient à être nommé aux lieu et place du prédécédé ; or, cette procédure fut admise à Rome, un texte d'Ulpien en fait foi (L. 32, D. V. 1). Ce texte semble envisager une hypothèse toute naturelle, la question qu'il résoud est relative seulement à la durée des pouvoirs du successeur. Cette nomination d'un second *judex*, destiné à rendre une sentence au cas de mort du premier, répondait à une nécessité absolue. Il n'y a aucune raison de penser qu'au temps des Actions de la Loi, elle n'ait pas été admise.

(1) Gaius. *Com. IV*, 11.

dre erreur à se reprocher, en arrive nonobstant à être dépouillé de son droit. Un tel résultat, contraire à l'équité, a quelque chose de monstrueux et déplaît particulièrement à la pensée, il ne nous paraît point conforme, d'ailleurs, à l'esprit juridique des Romains et constituerait au premier chef une *inelegantia juris*. Le but de notre étude sera de montrer précisément qu'on ne la rencontre point dans la procédure romaine, sans qu'on ne trouve tout au moins à côté d'elle des mesures correctives la faisant disparaître ou l'atténuant profondément (1).

D. — Théorie de L'*eadem res*.

La règle *bis de eadem re ne sit actio* une fois connue, il y a lieu de déterminer les circonstances dans lesquelles elle s'applique. Cela nous conduit à étudier la théorie de l'*eadem res* et à exposer les résultats auxquels elle a abouti. Sans doute, à l'époque des *Legis Actiones*, cette théorie est encore seulement ébauchée, si nous l'exposons dès maintenant dans son ensemble c'est afin de n'y plus revenir. C'est aussi à cause du rôle essentiel qu'elle joue dans l'application de la règle *bis de eadem re ne sit actio*, règle sur laquelle est fondée la théorie de la consommation du droit d'agir en justice et sur laquelle constamment nous aurons à revenir.

L'*eadem res* se rapporte d'une part au procès dont il

(1) Cf. *infra*, pp. 187-188 et ss.

s'agit, de l'autre aux plaideurs qui l'agitent, il faut envisager simultanément la question sous ces deux aspects pour pouvoir l'étudier. Quant à préciser le sens du mot *res* dans la maxime ***bis de eadem re ne sit actio***, cela est assez difficile. Le mot *res* a, en effet, une signification générale extrêmement étendue, tel nous le montre la définition de Forcellini : ***vox immensi prope usus ad omnia significanda quæ fieri, dici aut cogitari possunt*** et celle du *Thesaurus* de Gessner : ***quidquid usquam est vel esse videtur*** (1). Il ne peut nous convenir d'admettre que le mot *res* n'ait trouvé, dans la règle dont il s'agit, une signification plus précise et moins étendue, tendant à déterminer évidemment le droit déduit en justice, droit dont il sera impossible au demandeur de se prévaloir à nouveau ; c'est sous cette acception, pensons-nous, qu'on doit le prendre ici. Rechercher d'après les textes, à préciser davantage le sens du mot *res* serait une méthode dangereuse, car, même en limitant notre examen aux écrits des jurisconsultes, nous trouvons à chaque pas, pour ainsi dire, ce mot pris sous un sens différent. Par exemple, pour nous en tenir à Gaïus, il est évident que ce jurisconsulte ne lui donne pas la même signification dans les deux passages suivants :

G., IV, 14.... *Nam de rebus mille æris plurisve quingentis assibus, de minoris vero quinquagenta assibus sacramento contendebatur.*

(1) Définitions rapportées par Bekker. *Die Processualische Consumption*, Berlin, 1853, pp. 43-323.

Et:

G., IV, 19: *Hæc autem legis actio constituta est per legem Siliam et Calpurniam; lege quidem Silia certæ pecuniæ, lege vero Calpurnia de omni certa re.*

En effet, on peut exactement traduire dans le premier de ces fragments le mot *res* par demande, ce qui serait commettre un contre-sens dans le second où les termes *certa re*, opposés à *certæ pecuniæ* indiquent évidemment qu'il s'agit d'un corps certain dans la pensée du jurisconsulte romain.

Cette difficulté de déterminer le sens du mot *res*, comme le fait observer Bethmann-Hollweg (1), a donc préoccupé les jurisconsultes romains et modernes ; on ne peut trouver, dans la compilation de Justinien, une solution bien directe de la difficulté pour les deux raisons suivantes. En premier lieu les collaborateurs de Tribonien ont laissé de côté tout ce qui concernait l'extinction du droit, en tant que négative, pour s'occuper uniquement de sa vertu positive, celle qui, au moyen de l'exception *rei judicatæ*, consacre à la fois le principe de la chose jugée et empêche l'introduction d'une nouvelle demande de *eadem re*. En second lieu, il ne faut pas perdre de vue qu'ils écrivent au VIe siècle de notre ère, par suite, on ne saurait, en aucun cas, trouver dans leur œuvre des arguments décisifs touchant la maxime *bis de eadem re ne sit actio*, règle dans laquelle il faut sans aucun doute entendre le mot *actio* dans le

(1) *Op cit.*, t. II, pp. 494-495.

sens de l'*actio κατ' ἐξοχήν* du droit antique (1) des premiers temps de Rome, dont le souvenir est effacé à l'époque de la rédaction du *Digeste* et du *Code*.

Il faut, cependant, malgré la difficulté de la question, essayer de donner au mot *res* de notre maxime le sens technique propre qu'il doit y posséder ; nous nous croyons fondé à admettre que ce mot indique ici l'espèce même dont il s'agit, espèce déterminée par trois éléments principaux, l'objet du droit, la cause de ce droit et les personnes entre lesquelles ce droit est débattu. De la sorte l'*eadem res* serait triplement caractérisée par l'identité de l'objet, l'identité de la cause, l'identité des personnes. Telle est, du reste, la doctrine de Bekker et de Bethmann-Hollweg, selon lesquels on reconnaîtra qu'il y a *eadem res* lorsqu'on se trouvera en présence des indices suivants : *idem corpus de quo agitur*, *idem jus*, c'est-à-dire *eadem causa petendi*, et enfin *eædem personæ* (2). Ces trois éléments venant à se rencontrer simultanément dans une seconde affaire, le demandeur, voulant de nouveau *lege agere*, se verra débouté de sa demande et les rites de la *Legis Actio* ne pourront être remplis. A l'inverse, qu'un de ces éléments vienne seul à manquer, il n'y aura plus, dès lors, *eadem res* et le demandeur, s'il se conforme d'ailleurs à la loi, pourra être admis à accomplir les formalités solennelles devant le

(1) EISELE. *Abhandlungen*, Freibourg, i. B., p. 11.

(2) Cf. BETH-HOLL. *Op. cit.*, t. II, p. 495. — BEKKER. *Consumption*, p. 45.

magistrat. Dans ce système, et d'après ce qui précède, l'*eadem res* serait ainsi l'*eadem actio*, en entendant par ce mot *actio* le droit du demandeur mis en œuvre et poursuivi en justice au moyen du procès.

Les cas dans lesquels il y aura *idem corpus* et *eadem causa petendi* ne présentent pas de difficultés spéciales, en apportant toutefois les distinctions voulues suivant qu'il s'agit de la poursuite d'un droit réél ou personnel. Il en est autrement, au contraire, touchant les personnes agissant comme parties au procès ; dans quels cas y aura-t-il alors identité de personnes, dans quels cas cette identité n'existe-t-elle pas ?... Cette difficile question se complique avec la théorie de la corréalité au temps des *Actiones Legis*, plus tard avec celles de la représentation judiciaire encore peu connue et des actions prétoriennes *adjectitiæ qualitatis*. Vouloir diriger nos recherches dans ce sens serait sortir des limites que nous nous sommes tracées dans cette étude où notre but est d'examiner dans quelle mesure la *Litis Contestatio* se rattache à la théorie de l'extinction du droit du demandeur, si c'est elle qui en est, ou non, la cause. Il nous suffira de signaler les questions précédentes et les difficultés qu'elles soulèvent ; au reste les recherches si complètes de M. Tardif leur ont donné la solution qu'elles comportent (1).

(1) On consultera, pour la corréalité : Bekker, *Consumption*, pp. 214 et ss, et, pour la théorie de l'*eadem res* relativement à l'objet, la cause, les personnes, Tardif. *Op. cit.*. p. 133 à 152.

CHAPITRE II

SYSTÈME FORMULAIRE

§ I. — Notions générales

Le système des Actions de la Loi, de plus en plus impopulaire, paraît-il, à cause de ses rigueurs, arriva à être remplacé par le système formulaire. Gaïus (IV, 30) rattache cette transformation de la procédure à une loi *Æbutia* et à deux lois *Juliæ* :

Sed istæ omnes Legis Actiones paulatim in odium venerunt ; namque ex nimia subtilitate veterum qui tunc jura condiderunt, eo res perducta est, ut vel qui minimum errasset, litem perderet. Itaque per legem Æbutiam *et duas* Julias *sublatæ sunt istæ Legis Actiones ; effectumque est ut per concepta verba, id est, per formulas litigaremus.*

Quelle a été exactement la portée de la loi *Æbutia*? A-t-elle à la fois supprimé les *Actiones Legis* d'une part et, d'autre part, institué la formule, ou bien a-t-elle statué seulement sur l'un ou l'autre de ces points ? Gaïus ne nous le dit pas explicitement ; il est cependant intéressant de le savoir. Nous pensons qu'elle n'a pas eu cette double fonction et nous allons montrer que ni elle, ni les deux lois *Juliæ* n'ont complètement aboli le système précédent, ni pour la première fois organisé la formule.

A. — Origine du Système

Le système des *Legis Actiones* n'a été supprimé ni par la loi *Æbutia* ni par les deux *leges Juliæ*, lesquelles ont, plus encore que la précédente, limité leur usage. Déjà la loi *Æbutia* avait fait disparaître, en fait, certaines *Actiones Legis*, ainsi la *Legis Actio per condictionem* qui, somme toute, apparaît comme le lien transitoire entre l'ancien système et le nouveau, et peut-être aussi la *judicis postulatio* (1). Plus tard les deux lois *Juliæ*, à leur tour, ne laissent subsister que deux cas dans lesquels on puisse *lege agere*: le cas de *damnum infectum* et le cas où il s'agit d'une affaire venant devant le tribunal des Centumvirs (2). A quel mode de *Legis Actio* de-

(1) Cf. Puchta. *Cursus der Institutionen*, t. II, p. 102.

(2) La loi *Æbutia* a peut-être, elle-même, contenu une disposition laissant subsister la procédure des *Legis Actiones* devant le tri-

vait recourir la plaideur dans la première hypothèse (1) ? Gaïus néglige, malheureusement, de nous l'indiquer (IV, 31); d'ailleurs, à l'en croire, elle se réalisait rarement : *Damni vero infecti nemo vult lege agere;* on avait ici recours, de préférence, à une stipulation prétorienne plus commode et plus avantageuse. S'agissait-il d'un litige que devait trancher le tribunal des Centumvirs, d'une *hereditatis petitio*, par exemple, il fallait avoir recours à la *Legis Actio per sacramentum*. Ainsi depuis les lois *Juliæ*, tout mode de *lege agere* mis à l'écart, sauf exception pour les précédents, l'usage du système formulaire, généralisé par la loi *Æbutia*, fut seul désormais en vigueur.

Nous disons que l'usage de la formule fut généralisé, en effet, suivant l'opinion très généralement adop-

bunal des Centumvirs. Nous citerons, en ce sens, les paroles suivantes d'Aulu-Gelle : *Sed enim quum proletarii et assidui, et... furtorumque quæstiones cum lance et licio evanuerint, omnisque illa Duodecim Tabulorum antiquitas, nisi in Legis Actionibus centumviralium causarum, lege Æbutia lata, consopita sit...* Nuits Attiques, L. XVI, Chap. X. — Cf. AULI-GELLI. *Noctes Atticæ, Gottingæ*, 1824. pp. 378-379.

(1) Il y a une très grande difficulté à déterminer à quel mode de *Legis Actio* on devait recourir en pareille circonstance. D'après un système ce serait à la *pignoris capio*; d'un autre côté, comment concilier son existence ici avec ce principe que : *nulla Legis Actio prodita est de futuro ?* Y aurait-il eu là un 6e mode de *lege agere* tout spécial au cas de *damnum infectum ?* Ce n'est guère probable, étant donné le silence de Gaïus (IV, 12). Cf. sur cette question : GIRARD. *Manuel*, p. 972, n. 2. — SOHM, *Institutionen des römischen Rechts*, Leipzig, 1886, admet également, mais seulement d'une façon dubitative, la *pignoris capio*, au cas de *damnum infectum*. — Voir à ce sujet la note 7 du § 36 p. 149 et les auteurs qu'il cite, p. 142, texte et note 14.

tée, elle n'a pas été pour la première fois introduite à Rome par la loi *Æbutia* (1) et n'est pas davantage une création de celle-ci. Cette introduction de la formule remonterait, au contraire, à l'institution du préteur pérégrin, c'est-à-dire à une époque antérieure. Gaïus, dans le fragment précité (IV, 30), constate seulement, d'une part, que la disparition du système des *Actiones Legis* se rattache à la loi *Æbutia* et aux deux *leges Juliæ*, sauf les deux exceptions que nous venons d'indiquer, et que, d'autre part, nous, c'est-à-dire nous citoyens romains, comme le fait remarquer très justement M. Eisele (2), arrivons à procéder *per formulas*. La loi *Æbutia* étend donc seulement aux citoyens romains une procédure déjà connue, dont faisait usage le préteur pérégrin (3). Il ne faut pas, par conséquent, rechercher, dans cette loi *Æbutia* l'origine de la formule qui nous est inconnue. Peut-être en vint-on à l'employer d'une façon insensible et, précisément à cause de cela, son introduction n'ayant été caractérisée par aucun phénomène susceptible de frapper les esprits, il ne s'est rencontré personne pour enregistrer l'événement et nous le transmettre. Pourrait-on rattacher l'origine de la formule à la *Litis Contestatio* ? Dans cette hypo-

(1) Cf. Sohm. *Op. cit.*, § 36, n. 5, p. 149. « Que la formule n'ait pas été pour la première fois introduite par la loi *Æbutia*, mais se soit déjà établie au temps des *Actiones Legis*, cela peut être actuellement considéré comme généralement admis ».

(2) *Abhandlungen*, p. 68.

(3) M. Erman est très net en ce sens. *Cf. Zsavt. R. A.*, t. XIX, 1898, p. p. 276 et 294.

thèse (1), les témoins appelés dès une époque reculée, comme nous l'avons vu plus haut, dans le but de prouver l'accomplissement régulier des rites de la *Legis Actio*, se seraient mis peu à peu à rédiger des notes et à en demander aux parties en cause, dans le but, sans doute, d'arriver à mieux préciser leurs souvenirs. Ces notes écrites seraient ainsi devenues la formule puisqu'elles avaient le même but, celui d'instruire le *judex* sur ce qu'il aurait à faire. Nous ne pensons pas que telle ait été l'origine du système formulaire ; la formule, en effet, contient un élément essentiel que l'on chercherait en vain dans les notes prises par les témoins, cet élément fondamental ne peut, en aucune façon, prendre sa source dans leur activité ou dans celle des parties en cause ; seule, l'autorité supérieure, l'*imperium*, du magistrat peut l'engendrer, car elle est une émanation de la fonction publique dont il est revêtu : c'est l'ordre donné par le préteur au *judex* de condamner ou d'absoudre. Voilà pourquoi nous ne pensons pas devoir admettre, si ingénieuse soit-elle, la première hypothèse de Bekker (2), nous préférons la seconde d'après laquelle il faudrait voir dans le nouveau système une extension par suite de laquelle les citoyens romains furent admis à faire usage de la procédure déjà en vigueur dans les provinces et devant le préteur pérégrin. Cette manière de voir se trouve confirmée par les paroles de Gaïus (IV, 30), car il est à remarquer que

(1) BEKKER. *Die Aktionen.*, t. I, p. 89.
(2) *Loc. cit.*

ce jurisconsulte emploie avec prédilection la première personne du pluriel quand il veut indiquer qu'il s'agit de citoyens romains ; nous trouvons un exemple topique de l'emploi de cette tournure au *Comm.* I, § 55 :

Quod jus proprium civium romanorum est ; *fere enim nulli alii sunt homines qui talem in filios suos habent potestatem qualem nos habemus.*

Il est bien évident que le mot *nos* se rapporte à des citoyens romains par opposition à des étrangers, des pérégrins quelconques. Il en est de même dans d'autres fragments (1), notamment dans celui où il est question de la nouvelle procédure *per formulas*, où l'innovation indiquée consiste précisément dans cet emploi, par les citoyens romains, de la formule exclusivement réservée auparavant aux non-citoyens, dépourvus du *jus civile*.

Si l'origine de la formule nous est inconnue, comme nous l'avons observé, il est très vraisemblable tout au moins qu'il ne faut pas la voir dans une loi romaine. Le système formulaire serait-il d'importation étrangère, et le préteur pérégrin aurait-il ainsi adapté à son usage un procédé appartenant au droit privé national des pérégrins qui se présentaient devant lui ? Nous pouvons, ce nous semble, émettre cette hypothèse que les paroles de Gaïus sont loin de rendre invraisemblable. Un point est à observer d'ailleurs qui semble bien prouver l'absence d'une disposition législative

(1) Cf. Eisele, *op. cit.*

ayant créé la formule à Rome. Si l'on admet que le préteur pérégrin, antérieurement à la loi *Æbutia*, ait déjà eu recours au système formulaire dans le domaine de sa juridiction propre, de deux choses l'une : ou bien il procédait ainsi en vertu d'une loi, ou bien, au contraire, il agissait en vertu de son initiative privée, mettant en usage un procédé qu'il rencontrait ailleurs et qui lui plaisait. C'est à cette seconde alternative que nous devons très vraisemblablement nous arrêter. En effet, si la loi eût prescrit l'emploi de la formule, il y a tout lieu de croire que le *judicium* ainsi organisé eût été toujours *legitimum*, or, c'est le contraire qui arrive et, précisément, chaque fois qu'un pérégrin est en cause, le *judicium* est dit *imperio continens*. Un tel état de choses serait incompréhensible, fait remarquer très justement M. Eisele (1), dans le cas où une loi aurait organisé elle-même le *per formulas litigare inter peregrinos* (2).

(1) *Abhandlungen*, p. 75.

(2) M. Girard (*Op. cit.*, p. 958, texte et notes), adopte le système qui vient d'être exposé et voit également l'origine de la formule dans les institutions étrangères. Il nous semble utile d'indiquer l'hypothèse de Keller (*Der römische Civilprocess*, 2e édition, 1855, p. 74), d'après lequel il faudrait rechercher l'origine de la formule dans la *sponsio* qui existait au cas de *lege agere per condictionem*. « Il y aurait eu là déjà quelque chose de semblable à la formule postérieure, c'est-à-dire quelque explication donnée par le préteur au *judex* lors de sa nomination, afin de former la transition *e jure in judicium* ». M. Girard rapporte, comme formant une théorie distincte, l'opinion d'après laquelle le système formulaire aurait d'abord fonctionné entre pérégrins ; à notre avis cette doctrine ne se sépare pas de celle de Bekker (*Die Aktionen*, p. 89), qu'il cite ensuite et que nous avons

En réalité, la loi *Æbutia* a eu pour effet d'introduire dans la procédure spéciale, conforme au pur droit civil, c'est-à-dire dans les *judicia* intéressant uniquement des citoyens romains, un procédé usité seulement dans les *judicia* organisés par le préteur pérégrin, procédé qui consiste dans l'emploi d'une formule, non prévue par le *jus civile*. C'est là que prend sa source la distinction des *judicia* en *legitima*, qui se réfèrent aux premiers et *imperio continentia* qui comprennent les seconds, *judicia* qu'il était, avant la réforme, inutile de distinguer ainsi par des noms particuliers, puisque chacun d'eux se trouvait caractérisé par des formes de procédure absolument différentes, de telle sorte qu'à première vue ils étaient nettement opposés les uns aux autres, les premiers organisés suivant les rites solennels de la *Legis Actio* prévus par la loi, les seconds organisés, au contraire, par le préteur suivant des principes étrangers au *jus civile* (1).

exposée. Nous croyons exact de dire tout à la fois que : 1° la formule est d'origine étrangère et que, 2° elle a été usitée à Rome tout d'abord dans la juridiction du préteur pérégrin. Cette doctrine n'en renferme pas deux, elle est bien unique, malgré qu'elle distingue l'origine première de la formule et son mode d'introduction chez les Romains. Nous montrons qu'elle est née en dehors de Rome, et indiquons la porte par laquelle elle est entrée. — PUCHTA (*Curs. der Inst.*, t. I, § 80, p. 334 et t. II, § 163, p. 10', texte et note a), constatant que les formalités de la *Legis Actio* étaient inaccessibles aux pérégrins, admet que le système formulaire a été appliqué en premier lieu dans les procès les concernant. De la sorte les *Actiones Legis* demeurent réservées aux citoyens romains à l'exclusion de tout autre procédure jusqu'à la loi *Æbutia* qui introduisit à côté d'elles le système formulaire.

(1) Cf. WLASSAK, *römische Processgesetze*, t. II, p. 58.

Après avoir examiné l'influence des lois *Æbutia* et *Juliæ* sur la nouvelle procédure, le moment est venu d'indiquer sinon l'époque exacte à laquelle elles se rapportent, du moins approximativement celle à laquelle se rattache leur promulgation. Nous nous occuperons successivement de la loi *Æbutia* et des *leges Juliæ*.

Les textes, malheureusement, sont muets sur la date de la première, et on ne peut rien dégager des commentaires de Gaïus qui puisse nous mettre sur la voie. « Nous tâtonnons » donc dans une complète obscurité à ce sujet, a pu dire fort justement Bekker (1). Toutefois, en procédant par limitation, c'est-à-dire en déterminant à la fois une date antérieure où, sûrement, la formule n'est pas en usage devant le préteur urbain et, d'autre part, une date postérieure à laquelle, non moins évidemment, la procédure formulaire est connue, on arrive à déterminer entre ces deux points extrêmes un certain laps de temps auquel appartient assurément la loi *Æbutia*. Puis, en rapprochant peu à peu les termes extrêmes, nous arriverons à limiter enfin plus étroitement l'époque où se place notre loi (2). Or, d'un côté Sextius Ælius Pætus Catus compose ses *Tripertita* (3), vers le milieu du VIe siècle, et, comme il y traite des *Legis Actiones*, il en résulte que l'opinion d'après

(1) Bekker. *Die Aktionen*, t. I, p. 91.

(2) Cf. Girard. La date de la loi *Æbutia*, *supra*, p. 11, n. 2.

(3) Le poète Ennius (240-169), parle de Sext. Æl. Pætus Catus, consul vers le milieu du VIe s. dont les *Tripertita* se trouvent mentionnés par Pomponius (L. 2, § 38, D. I. 2).

laquelle la loi *Æbutia* serait antérieure à son œuvre, ne mérite aucune attention (1). D'un autre côté, et bien que Cicéron ne la mentionne nulle part, il est certain que, de son temps, le système nouveau est en vigueur puisqu'il reconnaît au magistrat (2) le droit de *denegare Legis Actionem*, ce qui est incompatible avec l'ancienne procédure. De la sorte on arrive à placer la loi *Æbutia* entre le milieu du VIe et le milieu du VIIe siècle, ce qui est la manière de voir généralement admise aujourd'hui (3).

Quant aux *leges Juliæ* dont le rôle a été, nous l'avons vu, de limiter l'usage de l'ancien système à deux cas, l'une d'elles au moins est d'Auguste, car l'existence de la *manus injectio* est attestée en 710 par la *lex Coloniæ Genetivæ* (4), et probablement toutes

(1) Bekker. *Loc. cit.*

(2) *De Oratore* 1,36,166 « *Quum Hypsæus maxima voce... a M. Crasso prætore contenderet, ut ei, quem defendebat causa cadere liceret...* »

(3) Accarias (*Précis de Droit Romain*, t. II, p. 689, n. 1), hésite entre les années 583 et 577, et incline à préférer la première. — Girard (*Manuel*, p. 971, texte et note 2) place la loi entre les années 605 et 628. — Keller (*Der römische Civilpr.*, p. 86, n. 270) constate que les interprètes varient entre le commencement du VIe et le milieu du VIIe s., nous avons montré au texte que la première de ces dates est trop ancienne. Il est surprenant que Cicéron n'ait parlé nulle part de la loi *Æbutia* si réellement elle eût opéré une importante révolution en procédure, et que nous ne la retrouvions pas mentionnée dans les écrits qui nous sont parvenus. Faut-il en conclure qu'à l'origine la loi *Æbutia* ait eu une importance limitée de plus en plus grossie par la tradition ? — Bekker (*Loc. cit.*) émet cette supposition, tout en constatant qu'il est également impossible, en l'absence de textes à cet égard, de vouloir la rapprocher des deux *leges Juliæ*.

(4) *Lex coloniæ Genetivæ*, c. 61 : *Cui quis ita manum injicere*

les deux (1). Quelles sont ces lois ? Puchta (2) voit ici les deux lois bien connues : *Julia judiciorum privatorum* et *Julia judiciorum publicorum*, argumentant en ce sens de ce que la *Legis Actio* convenait non seulement à un *judicium privatum*, mais également à un *judicium publicum*, et il cite pour exemple le cas d'action publique, donnée contre le magistrat qui se serait laissé corrompre (3). Cette argumentation n'est peut-être pas décisive, car une controverse existe précisément sur le point de savoir si les actions publiques étaient connues sous les Actions de la Loi (4), en sorte que le point de départ même de Puchta serait sujet à caution. M. Girard estime que les deux lois *Juliæ* que cite

jussus erit judicati jure manus injectio esto, itque ei sine fraude sua facere liceto, texte rapporté dans Girard, *Textes de Droit romain*, Paris, 1895, pp. 83-84 et s.s. Le fragment cité faisait partie d'une des tables de bronze, découvertes en 1870 et 1874, à Osuna, en Andalousie, sur l'emplacement de l'ancienne Urso où existait une colonie de citoyens romains.

(1) Girard. *Loc. cit.*, p. 972. — M. Wlassak place l'une d'elles en 737. — Cette détermination résulte du parallèle établi entre deux textes : l'un de Modestin, cité au *Digeste* (L. 1. § 4. D. XLVIII, 14) : *Et si quis reus, vel accusator, domum judicis ingrediatur, per legem Juliam judiciariam in legem ambitus committit, id est, aureorum centum fisco inferre jubetur* ; et l'autre, de Dion Cassius : Τοῖς δὲ δικάζειν ἀεὶ λαγχάνουσιν ἀπεῖπεν, ες μηδένος οἴκαδε τὸν ἐνιαυτὸν ἐκεῖνον ἐσιέναι rapporté par l'auteur, *Römische Processgesetze*, t. II, § 14, p. 180. Or, le second texte attribue expressément à Auguste (sujet du verbe ἀπεῖπε) et à l'année 737, à laquelle il se rapporte, la disposition même dont le premier place l'origine dans la loi *Julia judiciaria*.

(2) Puchta. — *Cursus der Institutionen*, t. II, § 163, p. 102, n. c.

(3) Cf. (*L.* 1. *D.* XLVIII, 11).

(4) Girard. *Loc. cit.*, p. 984, n. 2, p. 985.

Gaïus (IV, 30), ne sont sûrement pas celles dont nous venons de parler, mais bien plutôt deux lois *judiciorum privatorum*; en sorte qu'il y aurait eu ainsi trois *leges Juliæ judiciariæ* et non pas deux (1). Comme ce dernier point n'est pas plus solidement établi que n'est inébranlable la base sur laquelle repose le système de Puchta, il nous semble que la doctrine du jurisconsulte allemand peut tout aussi bien être adoptée (2).

Le caractère propre de la nouvelle procédure consiste essentiellement dans la formule, c'est-à-dire dans l'ordre de condamner ou d'absoudre, que le magistrat donne au *judex* par l'intermédiaire des parties en cause. Avec l'apparition de la formule, disparaissent les termes sacramentels de la *Legis Actio* et le formalisme étroit qui enveloppait ses rites. Nous retrouvons, d'ailleurs, dans le nouveau système, la même distinction de la procédure en deux phases : le *jus* et le *judicium*, tout comme nous l'avons déjà étudiée à la précédente époque.

L'influence du magistrat sur la procédure nous apparaît tout d'abord comme considérablement élargie dans cette seconde période (3). On a pu discuter son rôle au temps des Actions de la Loi et voir en lui seule-

(1) Cf. Girard, *Op. cit.*, p. 972, n. 1.

(2) Bruns (*Kleinere Schriften*, Weimar, 1882, t. I, p. 321) admet bien que l'action publique existe au temps des *Actiones Legis*, puisqu'il cite ici la *pignoris capio* comme étant la procédure indiquée « d'une manière extraordinairement fréquente ».

(3) Cf. Puchta, *Op. cit.*, t. II, § 163, pp. 100-101.

ment un instrument passif (1), se bornant à assister les plaideurs. Cette opinion, déjà combattue à l'époque de l'ancienne procédure, ne peut être émise ici. Le préteur organise désormais l'instance, est libre de donner ou de refuser la formule ; la controverse concernant la faculté du *dare* ou du *denegare actionem*, n'existe plus.

Une formule constate l'organisation de l'instance, l'ancien appel de témoins devient superflu. La *Litis Contestatio* prend ainsi un nouvel aspect que nous essayerons de déterminer. Nous examinerons son influence sur la consommation du droit du plaideur d'agir à nouveau. Afin d'étudier les règles de cette consommation, nous aurons à distinguer les deux sortes de *judicia* dont nous entretient Gaïus (IV, 103), *judicia legitima* et *judicia imperio continentia*.

B. — Terminologie.

Avant d'entrer plus avant dans la matière il est indispensable, afin de fixer les idées, de déterminer le sens des mots : *Actio*, *Judicium, Formula*.

a). *Actio*. — Le mot *actio* prend un sens nouveau tout différent de celui qui lui était attaché dans l'expression *Legis Actio*. L'*actio* n'est plus un ensemble de formes et de procédures réglées par la loi que les plai-

(1) Cprz. Puchta. *Loc. cit.*, p. 103, et Girard. *Manuel*, p. 952.

deurs doivent observer à peine de nullité quand ils procèdent à un *lege agere sacramento* par exemple ; non, le mot *actio*, dans le nouveau système, indique, comme nous l'avons déjà fait observer en passant, le droit du demandeur judiciairement mis en œuvre. Tandis que dans l'expression : *Legis Actio*, *Actio* s'entend seulement de la première phase de la procédure, du *jus*, le mot *actio* embrasse maintenant la totalité du procès tant *in jure* qu'*in judicio*. C'est pourquoi dire avec Celsus (1): *Nihil aliud est actio quam jus quod sibi debeatur judicio persequendi*, nous semble donner une définition trop étroite, en interprétant *stricto sensu*, le mot *judicium*. En effet, si, dans le précédent système, il faut dire que la *Legis Actio* comprend exclusivement les rites solennels accomplis *in jure*, l'action, dans le nouveau système de la loi *Æbutia*, embrasse, au contraire, non-seulement la seconde phase du procès, celle qui se déroule devant le *judex*, *in judicio*, mais bien encore, pensons-nous, la première, celle qui s'accomplit *in jure*, devant le magistrat. Bethmann-Hollweg, frappé, sans doute, de l'importance de la formule, de ces *concepta verba*, identifie l'action et la formule en mettant la première sur la même ligne que la seconde (2). Evidemment l'action et la formule ont des liens étroits, si bien que les particularités de la seconde serviront à caractériser la première, quand on parlera d'une *actio in jus*

(1) L. 51 D. XLIV, 7. Cf. ACCARIAS. *Précis*, t. II, p. 645.

(2) *Actio und Formula synonym sind*. — BETHMANN-HOLLWEG *Loc. cit.*, t. II, p. 207.

ou d'une *actio in factum*, par exemple, cependant les deux termes ne sont pas synonymes et l'on ne saurait, sans risquer de demeurer souvent inintelligible, les prendre indistinctement l'un pour l'autre. Bien plus satisfaisante nous paraît la définition proposée par Sohm (1) aux termes de laquelle l'action est « le droit de demander un *judex* qui tranchera le litige ». En effet, par sa première partie elle se réfère à la procédure *in jure* devant le préteur auquel le plaideur demande la formule et, par sa seconde partie, à la procédure *in judicio*, devant le *judex* qui, avec la formule, aura reçu du préteur le pouvoir de condamner ou d'absoudre, elle nous paraît donc complète et exacte, aussi proposerons-nous de l'adopter.

D'après une autre théorie, il faudrait entendre *actio* comme opposée à *judicium* en donnant à ce dernier mot un sens tout différent de celui qu'il possède en tant qu'opposé au mot *jus*, acception dans laquelle il se rapporte à la procédure organisée devant le *judex*. Il y aurait alors deux manières distinctes de déterminer un procès relatif au droit privé, suivant sa nature. Un procès conforme aux principes du *jus* civile serait une *actio*, au contraire un procès fondé sur le droit prétorien serait un *judicium*. Quant au *judicium* lui-même, sa signification s'est étendue peu à peu. Elle aurait été restreinte au début à la procédure devant le *judex* seulement, puis se serait appliquée à la formule et enfin

(1) Sohm. *Op. cit.* p. 145 : *Das Recht, fur diesen Streit einen Geschvornen zu begehren.*

aurait désigné l'ensemble du système formulaire. Le mot *actio*, de son côté, après avoir désigné la procédure, conforme au *jus civile* des *Actiones Legis*, se serait spécialement appliqué aux paroles solennelles, puis aurait servi à désigner, dans la nouvelle procédure, la formule d'un procès fondé sur le droit civil. Nous croyons devoir signaler en passant cette théorie, due à M. Wlassak, sans insister ici davantage sur elle; nous aurons d'ailleurs l'occasion de l'examiner à nouveau en recherchant quels sens divers ont successivement été attachés au mot *judicium* (1).

b). *Judicium*. — Le mot *judicium* prend un sens nouveau, il ne désigne plus uniquement, dans le langage juridique, la procédure accomplie devant le *judex* par opposition à celle qui se déroule *in jure* devant le préteur.

Cette idée ressort très nettement des deux textes suivants, le premier de Callistrate :

(L. 1 D. XI, 1). *Toties hæres in jure interrogatus est..... quoties adversus eum actio instituitur...... Interrogatoriis autem actionibus hodie non utimur quia nemo cogitur ante judicium de suo jure aliquid respondere...*

Et le second de Gaïus :

(*Com.* III, § 180). *Tollitur adhuc obligatio Litis Contestatione, si modo legitimo judicio fuerit actum.*

(1) Cf. Wlassak. *Romische Processgesetze*, t. II, § 20, texte et notamment note 1 et p. 57, t. I, § 8.

Il résulte du texte de Callistrate que l'*interrogatio in jure* est tombée en désuétude par la raison que nul ne saurait être contraint à s'expliquer sur son droit avant le *judicium*. Par là, en opposant *le jus* au *judicium*, le jurisconsulte a voulu entendre dans ce dernier la seconde phase du procès, c'est-à-dire celle qui se déroule devant le *judex*.

Dans le second des textes cités, Gaïus nous enseigne que l'obligation s'éteint au moment de la *Litis Contestatio*, si l'instance a constitué jusque-là — *actum fuerit* — un *judicium legitimum*. Or la *Litis Contestatio* se place à la fin de la procédure *in jure* et termine ainsi la première phase du procès, celle qui a lieu devant le magistrat. C'est donc pour désigner cette première phase que Gaïus emploie le mot *judicium* (1).

Ce dernier, embrasse, par suite, la première et la seconde phase de la procédure, c'est-à-dire le procès tout entier (2).

Ce sera dans cette acception plus étendue que nous prendrons désormais le mot *judicium* lorsque nous voudrons parler du *judicium legitimum* et du *judicium imperio continens* afin d'en indiquer les caractères et, avec ceux-ci, les règles particulières qui les concernent

(1) Cf. dans ce même sens, GAIUS, III, § 181..... *Si legitimo judicio debitum petiero*; IV, § 104..... *Legitima sunt judicia quæ accipiuntur...*; IV, § 106..... *Si quidem imperio continenti judicio actum fuerit*; IV, § 107... *Si legitimo judicio in personam actum sit.*

(2) Cf. en ce sens KELLER. *Litis Contestatio und Urtheil*, § 5, p. 65, note 10 et les textes cités. — M. ACCARIAS, t. II, § 939 a. p. 1176 emploie le mot *judicium* comme synonyme d'instance.

l'un et l'autre. Au contraire, ce même mot *judicium* continuera à indiquer la seconde phase de la procédure, quand nous l'opposerons au *jus* (1).

c) *Formula*. — L'instance ayant été régulièrement organisée, les parties se présentent devant le préteur, exposent le sujet du litige et demandent la délivrance de la formule (2), tel est, dans le système de la loi *Æbutia* le but et la fin de la procédure *in jure*.

Qu'est-ce donc que cette formule, quelle est sa fonction, tels sont les points sur lesquels nous devons nous expliquer actuellement.

Les textes ne nous disent pas expressément en quoi consiste la formule. Est-elle conçue par écrit, comme

(1) Nous pensons, avec M. Wlassak, que le mot *judicium* embrasse l'ensemble du procès formulaire, au contraire nous n'admettons pas avec lui que *judicium* soit synonyme de *formula*. La doctrine de M. Wlassak est vivement combattue par M. Kübler (*Ueber die Bedeutung von judicium und formula bei Cicero. Zsavst R. A.*, t. XVI, 1895, pp. 137 et ss). Nous nous rallions pour partie à ses conclusions en tant qu'elles tendent à repousser l'équivalence des termes *judicium* et *formula*, mais nous les combattons lorsqu'elles restreignent le sens du mot *judicium* de façon à laisser entendre uniquement sous ce terme la seconde phase de la procédure. Le système de M. Wlassak est fortement étayé sur des textes ; pour les écarter M. Kübler est contraint de se lancer dans une subtile controverse grammaticale, de discuter l'emploi des modes dans Gaïus (P. 177). Nous persistons donc à préférer la doctrine de M. Wlassak, sinon pour le tout, du moins en ce qui touche le sens étendu qu'il reconnaît au mot *judicium* en lui faisant embrasser les deux phases du procès.

(2) Ce sont l'*actionis editio* et *postulatio*, début de l'instance Cf. BETHMANN-HOLLWEG. *Op. cit.*, t. II, § 86, pp. 211 et ss.

l'enseignent Rein (1) et Sohm (2); est-elle, au contraire, purement orale, suivant la pensée de MM. Kübler (3) et Trampedach (4) ? Il est malaisé de le savoir exactement. Gaïus est muet à cet égard.

Très certainement la formule a toujours été oralement énoncée par le préteur, peut-être, à l'origine du système formulaire, aucun écrit n'était-il rédigé. Plus tard, au contraire, on prit l'habitude de consigner sur des tablettes les termes de la formule prononcée par le magistrat, afin d'en mieux établir la teneur au cas où ils viendraient à être contestés dans la suite du procès. M. Erman (5) estime en ce sens qu'Horace (*Sat. lib.*, II, 1, vers 86) parle de *tabulæ* à propos de la formule et indique ainsi l'existence d'un écrit.

Quoi qu'il en soit, il ne faudrait pas mettre en parallèle avec la formule du système nouveau ce que Sohm (6) appelle la formule orale émanée des parties, adaptée aux termes de la loi et formant la *Litis Contestatio* solennelle. Même en laissant de côté l'assimi-

(1) Rein. — *Das Privatrecht und der Civilprocess der Römer.* Leipzig, 1858, Ch. X, pp. 905-906 : « *Der Prætor gab die Formula schriftlich.*

(2) Sohm. — *Op. cit.*, § 37, p. 151.

(3) Kübler. *Zsvast R. A.*, t. XVI, p. 179.

(4) Trampedach (*Zsavst. R. A.*, t. XVIII, p. 137) estime que si la formule eût été écrite, Gaïus (IV, 30) aurait dit : *per concepta verba, in scripturam redacta.*

(5) Erman. *Zsavst. R. A.*, t. XVII, p. 334.

(6) Sohm. *Op. cit.*, § 36, pp. 144 et ss. Remarquer la distinction établie par l'auteur entre la formule parlée : *Spruchformel*, de l'ancienne procédure et la formule écrite : *Schriftformel*, de la nouvelle.

lation, pour le moins très téméraire, de la *Litis Contestatio*, à la description de l'affaire donnée verbalement par les parties en cause dans un *lege agere*, on ne saurait voir, dans la formule de la loi *Æbutia*, ni le simple résumé des événements principaux de la procédure *in jure*, ni même la simple description de l'espèce.

L'intervention du préteur qui délivre la formule donne à celle-ci un caractère d'authenticité tout spécial qu'on chercherait vainement dans les paroles, fussent-elles solennelles, prononcées antérieurement par les parties elles-mêmes. La formule contient, en effet, plus que l'indication sommaire du litige et, s'il y a lieu, des moyens et des personnes en cause, elle renferme l'ordre impérativement donné au *judex* ou aux récupérateurs de condamner ou d'absoudre, voire, dans certains cas, d'adjuger. D'ailleurs, tout rite formaliste et toute parole sacramentelle ont disparu, le préteur a le champ libre pour agir à sa guise, donner la formule ou la refuser, suivant que le droit du demandeur est, ou non, protégé par la loi ou par l'édit.

La formule, avons-nous dit, contient à la fois une description sommaire de l'espèce et un ordre adressé au juge; de ses quatre parties, une seule, l'*intentio*, nous retiendra un instant à cause de l'influence qu'elle exerce sur la distinction des actions en actions *in jus* et actions *in factum*. Cette détermination, de la plus grande importance dans l'étude de la consommation du droit d'action, repose en effet sur la rédaction de cette partie de la formule.

L'*intentio* est la partie la plus importante de la formule, la seule des quatre qui existe toujours et partout, à laquelle même parfois elle peut se réduire (1). Gaïus définit l'*intentio* : *ea pars formulæ qua actor desiderium suum concludit* et une scolie, rapportée par Fabrot, porte : ἰντεντίων ἐστὶν ἡ ἐπίτασις ἤτοι τὸ διήγημα καὶ ἀφήγησις τοῦ πράγματος (2). *L'intentio*, d'une façon générale, contient donc les prétentions du demandeur. Ainsi, c'est dans cette partie de la formule, s'il s'agit d'un droit directement garanti par le *jus civile*, que sera indiqué directement, soit l'objet précis de la demande, dans une *actio certa*, soit, dans une *actio incerta*, le *quidquid paret dare oportere facere*, soit enfin que sera allégué dans une action réelle l'existence du droit du demandeur, *si paret hominem ex jure Quiritium Auli Agerii esse* (3), et dans tous ces cas la formule sera dite *in jus concepta* avec *juris civilis intentio* (4). Quand, au contraire, le droit d'agir n'est pas donné directement au demandeur par le *jus civile,* mais prend sa source dans un ensemble de faits prévus dans l'édit prétorien, *in albo*, l'*intentio* énoncera précisément ces faits et sera

(1) En outre, bien entendu, de la nomination du *judex :* tel est le cas des actions préjudicielles : *præjudicium an prædictum sit ex lege Cicereia, an lege bona venierint, quanta dos sit, de libertinitate*, etc. — Gaius, IV, 44.

(2) Cf. Théophile. Paraphrase des *Institutes* de Justinien, L. IV, t. VI, § 13, édit. Fabrot, p. 728, note *u*, et édit. Reitz, p. 803, note *p*. *in fine*.

(3) Gaius, IV, 41.

(4) Gaius, IV, 45.

dite *in factum* ; telle sera, par exemple, l'*intentio* de l'action donnée au patron contre son affranchi qui l'appelle *in jus* sans autorisation et qui sera ainsi conçue : *si paret, illum patronum ab illo liberto contra edictum prætoris in jus vocatum esse...* ; comme le nombre de faits ainsi prévus est très considérable, il s'ensuit qu'il y a un très grand nombre d'*intentiones in factum conceptæ*, différant toutes les unes des autres : *innumerabiles ejusmodi... in albo proponuntur* (1).

§ II. — De la *Litis Contestatio.*

A la fin de la première phase du procès arrive le moment où le préteur délivre aux parties la formule et les renvoie devant un juge. Ce moment est celui de la *Litis Contestatio* qui se confond ainsi avec la délivrance de la formule et la fin de la procédure *in jure* (2). Nous ne retrouvons plus dans la nouvelle procédure de la loi *Æbutia* l'appel de témoins d'où Keller, sur la foi de Festus (3), fait venir l'étymologie des mots *Litis Contestatio.*

Avec l'introduction de la formule, si l'on admet surtout sa rédaction par écrit, l'appel de témoins devenait superflu et était abandonné. Par suite la *Litis Contestatio*, dans son sens propre, aurait dû elle-même suivre le

(1) Gaius, IV, 46, *in fine*.
(2) Cf. en ce sens Tardif, *Op. cit.*, p. 11.
(3) Cf. *supra*, p. 21.

sort de l'ancien système de procédure et tomber avec lui. Mais, sans doute, ainsi que le phénomène se produit fréquemment, l'ancienne dénomination a survécu à la disparition de la cause qui l'avait fait naître et on a continué à donner le même nom à l'événement qui marque la fin de la procédure *in jure*, fait qui, soit dit en passant, milite en faveur du système de ceux qui ont placé la *Litis Contestatio* à cet instant dès l'époque des *Actiones Legis*. En tous cas, au temps du système formulaire, le *Litis Contestatio* marque incontestablement la fin de la procédure devant le préteur.

Quant à déterminer sa nature même et les faits qui la caractérisent dans le système de la loi *Æbutia*, c'est là une question qui paraît insoluble d'après les sources que nous possédons. Rudorff constate que l'influence de la *Litis Contestatio* est évidente, mais que sa forme reste plongée dans l'obscurité (1). D'un autre côté Keller nous dit qu'à l'expression *litem contestari*, eu égard au demandeur, correspond celle de *judicium accipere*, vis à vis du défendeur (2), mais il ajoute aussitôt que le mot *contestari* se rencontre également

(1) RUDORFF. *Römische Rechtsgeschichte*, Bernard TAUCHNITZ, Leipsig, 1859, t. II p. 232.— L'auteur (*loco. cit.* § 71, p. 233, texte et n. 9), citant à ce sujet Ihering (*Esprit du Droit romain*) pense avec celui-ci « qu'il serait au moins absolument contradictoire avec l'esprit de l'ancien droit que la *Litis Contestatio* eût entraîné avec elle toutes les suites d'un contrat sans avoir été un contrat elle-même » ; il admet ainsi la nature contractuelle de la *Litis Contestatio*.

(2) KELLER. *Der Römische Civilprocess*, pp. 241-242, et n. n. 701-702.

employé au passif ce qui vient ébranler son dire. Quant aux termes: *lis contestata*, *judicium acceptum*, ils désignent ensemble, selon lui, un même et unique instant de la procédure. Nous ne sommes pas plus avancés pour cela, car, ainsi que le constate Pernice, (1) l'*editio actionis* est un acte dont la nature intime nous est inconnue, aussi est-il vraisemblable que les mots : *litem contestari*, rencontrés chez les jurisconsultes classiques, indiquent autre chose que la fiction dont parle Mayer (2), ou que cet instant idéal qui marque la fin de la procédure devant le magistrat (3); ce dernier sens devra leur être atttibué dans le but seulement de désigner d'une façon abstraite la fin de la procédure *in jure*, en la disantparvenue à la *Litis Contestatio*. Mais, à côté de ce sens abstrait, il en est un autre qui se rapporte à des faits réellement accomplis et c'est pourquoi, à côté de ce premier sens étroit, il en est un second plus large et plus étendu dans lequel nous devons entendre les mots *litem contestari*; en les prononçant, nous voudrons dire que les parties ont terminé la procédure *in jure* tout entière et ont rendu l'affaire dont il s'agit susceptible d'être poursuivie devant le *judex*.

Keller, admettant que la *Litis Contestatio* consiste

(1) *Zsavst.R.A.*, t. V et t.XVIII *der Zeitschrift für Rechtsgeschichte*, Rom. Abth., p. 56: *Hier aber sind das actionem edere und judicium accipere, Akte deren Wesen wir übrigens nicht kennen.*

(2) Mayer. *Die Litis Contestatio*, 1830, p. 30, cité par Wlassak *Litis Contestatio*, p. 5, note 2.

(3) Keller. *Litis Contestatio und Urtheil*, § 7, *in fine*, p. 80 : *Die L. C. erscheint als ideeller Endtpunkt des Verfahrens in jure.*

dans l'accomplissement de la procédure *in jure* de la part des plaideurs (1), pense que les expressions *lis contestata* et *res in judicium deducta* sont synonymes (2) ou se réfèrent du moins à un même instant de la procédure. Cette opinion ne peut être acceptée que si le mot *judicium* prend, dans la nouvelle procédure de la loi *Æbutia* le sens nouveau, plus étendu, que nous lui avons donné ; il désigne, alors non plus seulement la seconde partie de l'instance, mais encore la première et embrasse ainsi l'ensemble du procès. En effet, pris dans le sens étroit qu'il possédait au temps des *Actiones Legis*, il se réfère seulement à la seconde phase de la procédure, celle qui se déroule devant le *Judex*, or la *Litis Contestatio* se place *in jure* (3) par suite, elle ne saurait coïncider avec la *deductio in judicium* ; son influence sur la marche du procès est précisément de permettre au demandeur, qui *litem contestatus est*, de poursuivre son affaire *in judicio* (4). Si au contraire, le mot *judicium* continuait à désigner la seconde phase du procès seule-

(1) Keller, *Loc. cit.*, § 1, pp. 8-9 : *Es bleibt... anzunehmen... dass man geradezu die Vollziehung des ganzen Verfahrens in jure von Seite der Parteien verstanden habe.*

(2) Keller. *Der römische Civilprocess*, § 59, *in fine*, p. 242 : *Lis contestata... res, lis in judicum deducta sind Ausdrüke, welche sämtlich einen und denselben Zeitpunkt des Processes bezeichnet.*

(3) Keller, lui-même (*Litis Contestatio*, § 1, *in fine*) l'affirme absolument dans les termes suivants : *Man bemerke... dass die L. C. sowohl ursprünglich als nähmentlich auch noch in der ganzen Zeit der classischen Juristen dem Verfahren vor dem Magistrat angehöre.*

(4) *Die Sache vor den Judex bringen.* — Keller. *Loc. cit.*, § 11, p. 108 et Wlassak. *Die Litiskontestation*, pp. 22, 23.

ment, la *lis contestata* coïnciderait alors, non plus avec la *res in judicium deducta*, mais bien avec la *res in judicium deducenda*. L'instant où se place virtuellement la *Litis Contestatio* est identique à celui du *judicium acceptum* (1).

Or il résulte des études de M. Wlassak que le mot *judicium* prend, dans la procédure postérieure à la loi *Æbutia*, le sens plus étendu dont nous parlions, de telle sorte qu'il arrive à embrasser précisément la durée tout entière du procès (2). Dès lors il n'y a plus aucun inconvénient à admettre l'identité des expressions proposées par Keller ; la doctrine de M. Wlassak nous permet, au contraire, de comprendre pourquoi les textes portent *res in judicium deducta* et non *res in judicium deducenda*, termes qui auraient dû être employés dans un langage juridique précis et exact, si le mot *judicium* eût continué à se référer uniquement, dans le système nouveau, à la procédure suivie devant le juge.

D'un autre côté certains auteurs ont trouvé étonnant que la *Litis Contestatio* à laquelle tant d'effets importants sont attachés, ne consiste point dans un acte spécial bien défini ; ils se demandent si une telle hypothèse est bien conforme au génie du droit romain. Comment aurait-il pu se faire que la consommation du droit, fait si grave pour le plaideur, ait ainsi trouvé parfois sa raison d'être dans un acte vague et

(1) Cf. WLASSAK. *Loc. cit.*, p. 22, et KELLER. *Litis Contestatio*, § 4, 9°.

(2) Cf. WLASSAK. *Römische Processgesetze*, Leipzig 1891, t. II, § 20, pp. 51 et ss.

indéterminé, simplement idéal, pour employer l'expression de Keller (1). Par suite, comment le *jus civile* et le préteur auraient-ils sans raison exposé les parties en cause au danger d'ignorer peut-être si la *Litis Contestatio* a eu lieu ou non et quand elle s'est produite. Afin d'éviter ce résultat, peut-être le magistrat aurait-il prévenu les plaideurs de ce que la procédure allait toucher bientôt à sa fin dans le but de les avertir de l'imminence de la *Litis Contestatio* (2).

(1) Cf. Wlassak. *Loco. cit.*, p. 10.

(2) Afin de mieux préciser cet instant, Wlassak fait de la *Litis Contestatio* un acte formel, accompli *in jure*, qui s'analyse de la manière suivante : le préteur, sur le désir du demandeur, *qui actionem dari sibi postulavit* (L. 33, § 3, D. III, 3) lui délivre la formule (p. 28). Le défendeur, à son tour, *judicium accipit*, c'est à dire reçoit la formule et il la reçoit, non du préteur, mais bien du demandeur (p. 33), par là même, il accepte tout naturellement aussi de se soumettre à la décision du *judex* : *der Beklagte annimmt das Gericht*, d'où dépendra le sort de son procès (Wlassak. *Loc. cit.*, § IV). La *Litis Contestatio* devient donc ainsi, comme le fait observer M. Girard (*Manuel*, p. 981, texte et n. 4), qui se rallie à la pensée de Wlassak, l'expression d'un concours de volontés intervenu entre les plaideurs, d'où il suit que : « la *Litis Contestatio* résulte d'un accord des parties ». — Cette doctrine, cependant, exige, pour être admissible, que les termes *judicium accipere* soient synonymes de *formulam accipere* et c'est, en effet, ce que soutient M. Wlassak (*Romanische Processgesetze*, t. II, § 20, p. 54). Ce sens, attribué au mot *judicium*, nous paraît absolument suspect, il a été d'ailleurs vivement combattu de l'autre côté du Rhin par M. Kübler (*Zsavst R. A.* t. XVI, pp. 137 et ss). Avec lui tombe la doctrine de Wlassak sur la nature de la *Litis Contestatio*. Pour M. Kübler (*Loc. cit.*, p. 181) les choses se seraient passées ainsi : « A la fin de la procédure *in jure*, devant les assistants, témoins des parties, le préteur aurait solennellement prononcé la formule et cet acte aurait constitué la *Litis Contestatio* ». — Selon M. Trampedach (*Zsavst R. A.*, t. XVIII, pp. 114 et ss.), le demandeur démontre au préteur son droit de recourir à une formule

Il est bien certain qu'il est difficile de concilier les deux propositions suivantes, à savoir, en premier lieu que les textes attribuent une influence considérable à la *Litis Contestatio* dans la procédure formulaire et que, d'autre part, cette *Litis Contestatio* elle-même ne consiste point dans un acte déterminé accompli au cours de la procédure. Assurément la doctrine de Heffter (1) est fort intéressante, d'après laquelle la *Litis Contestatio* serait un acte spécial et principal de la procédure, accompli par les plaideurs, consistant, de la part du demandeur, à *inferre litem* et, de la part du demandeur, à *provocare ad judicium*. Toutefois Bethmann-Hollweg, après avoir cependant commencé par écarter la théorie de Keller sur la nature de la *Litis Contestatio* n'accorde, aucune attention à celle de Heffter et, revenant sur ses pas, arrive à admettre la première qui est aujourd'hui, pensons-nous, la plus généralement adoptée (2). En effet, elle ne porte en elle-même rien qui soit de nature à la faire rejeter comme invraisemblable ; quant aux

donnée, puis, avec le concours de ce dernier et celui du défendeur, il détermine les termes mêmes de celle-ci, enfin à l'issue de la procédure *in jure*, la *Litis Contestatio* a lieu (Cf. *loc. cit.*, p. 145).

(1) Heffter. *Institutionen des römischen und deutschen Civilprocess*, Bonn. 1825, p. 281.

(2) Cf. *supra*, p. 25, n. 1 et Bekker. *Die Processualische Consumptio*, p. 98, d'après lequel la *Litis Contestatio* termine la procédure *in jure*, elle marque l'instant où la *res de qua agitur* est exactement déterminée et décrite, instant où sont fixées les conditions desquelles devra dépendre l'examen du *judex*. — Cogliolo, dans son *Trattato della eccezione di cosa giudicata*, Torino 1883, p. 28, fait de la *Litis Contestatio*, à la suite de Keller, un point idéal : « *un punto ideale : ein ideeller Zeitpunkt* »

objections rapportées plus haut, elles ne nous paraissent pas soulever de difficultés insolubles.

En ce qui touche, tout d'abord, celle relative à la consommation du droit d'action, il importe peu de déterminer en quoi consiste l'acte même de la *Litis Contestatio*, ni de savoir si celle-ci a existé, en tant qu'acte spécial, si l'on admet avec nous que la consommation du droit du demandeur, quand toutefois elle se produit, résulte, non pas de la *Litis Contestatio* envisagée comme rite destructeur, mais bien de l'accomplissement d'une procédure régulièrement organisée et accomplie suivant les prescriptions et les formes du *jus civile*, en vertu de la règle à laquelle Bekker rattache toute la théorie de la consommation de l'action : *bis de eadem re ne sit actio*. Dès lors la *Litis Contestatio* n'est plus seulement qu'une partie de ce tout dont l'accomplissement entraîne à sa suite l'application de la maxime, les plaideurs n'ont pas à redouter d'ignorer l'instant auquel elle a lieu, car ils seront formellement avertis, à n'en pas douter, du moment à partir duquel le droit, qui sert de base à l'action actuellement agitée, sera consommé ; ce moment coïncidera en effet, avec le terme même de la procédure *in jure*, c'est-à-dire avec la délivrance de la formule, par conséquent avec un acte matériel qui se révélera nécessairement à eux avec toute la certitude de l'évidence du fait accompli. Les parties en cause n'ont donc pas à redouter les conséquences fâcheuses provenant d'une *Litis Contestatio* survenue à leur insu.

Quant à la seconde objection touchant la difficulté de rattacher à un acte « idéal » les nombreuses conséquences de la *Litis Contestatio*, elle tombe, à notre avis, en admettant, avec Keller, que la *Litis Contestatio*, dans un sens large, indique l'accomplissement de la procédure *in jure* de la part des parties (1).

Mais il ne faut pas perdre de vue que, postérieurement à la loi *Æbutia* et aux *leges Juliæ*, l'usage de la *Legis Actio*, bien que considérablement restreint, subsiste néanmoins dans certains cas (2). Il faut donc distinguer deux sortes de *Litis Contestatio*, la première, dont nous venons de parler, propre au système nouveau, la seconde propre à la *Legis Actio*.

De la première, il ne nous resterait plus rien à dire, après avoir admis, quant à sa nature, le système proposé par Keller, si cependant nous ne pensions utile, avant de pousser plus avant nos recherches sur la théorie de la consommation de l'action, de signaler la pensée de Walter, d'après laquelle le texte connu de Festus, cité plus haut, se rapporterait, non au système des *Actiones Legis*, mais bien à celui de la loi *Æbutia*.

(1) Nous ne rencontrons aucun texte qui nous montre la *Litis Contestatio* comme un acte attribué à l'activité du préteur, au contraire elle l'est constamment à celle des parties en cause et ce sera plus spécialement le demandeur que nous rencontrerons comme sujet de la proposition ; *litem contestatur*, de là cette maxime : *Actor litem contestatur cum reo*. — Cf. KELLER. *Litis Kontestatio und Urtheil*, § 6 — BETHMANN-HOLLWEG. *Op. cit.*, t, II. § 102, pp. 478 et ss.

(2) Cf. *supra*, p. 54.

On pourrait en conclure directement que la *Litis Contestatio* consiste ici en un appel de témoins. Cela nous paraît invraisemblable, car, autant l'utilité des témoins est évidente avant l'organisation de la formule, pour éclairer le *judex* et servir ainsi de trait d'union entre le *jus* et le *judicium*, autant, au contraire, le rôle de ceux-ci paraît superflu, lorsqu'au moyen d'instructions écrites (1), le préteur dépeint au juge l'espèce dont il s'agit et lui donne ses pouvoirs (2). D'ailleurs, comme le fait remarquer Wlassak (3), nombreux sont les interprètes qui ont cherché à caractériser le *Litis Contestatio* d'une façon générale sans déterminer d'une façon précise, en quoi elle aurait consisté, tel Bocking (4) qui l'appelle un acte formel, tout en négligeant d'indiquer lequel.

(1) Nous avons vu que la formule arriva à être rédigée par écrit. Cf. *supra*, p. 71.

(2) On pourrait cependant admettre qu'au début de la procédure formulaire, l'appel de témoins se fût maintenu encore pendant quelque temps par la force même des usages antérieurement établis. — Cette hypothèse, intrinsèquement, n'a rien d'inadmissible, elle cadre même assez bien avec le développement historique des institutions juridiques romaines qui procède en général par modifications lentes et insensibles, plutôt que par brusques transitions. Mais, en tout cas, l'appel de témoins n'a pu se maintenir et a bientôt disparu. — Cf. Keller. *Litis Contestatio*, § 1 p. 13. — Bethmann-Hollweg. *Op. cit.*, t. II, § 102. p. 480.

(3) Cf. Wlassak. *Op. cit.*, § VII pp. 69 et ss., pour l'étude de la double question suivante : 1° Le texte de Festus concerne-t-il le système des *Actiones Legis*, ou le système formulaire ; 2° Que faut-il entendre par les mots : *ordinato judicio* ?

(4) Bocking, *Pandekten des Römischen Privatrechts*, t. I, § 130, p. 497, 2e édit., Bonn, 1853. — Pour Böcking la préparation du

Quant à la seconde sorte de *Litis Contestatio* que nous retrouvons dans les cas où la *Legis Actio* a survécu aux *leges Juliæ*, il est difficile de savoir si elle consiste encore en un appel de témoins, ou si, plutôt, un autre acte particulier n'aurait pas, à cette époque, remplacé ici l'ancienne *Litis Contestatio*. Il serait, croyons-nous, tout au moins fort téméraire d'émettre autre chose qu'une hypothèse en abordant cette question (1).

Au surplus, il importe peu, étant donné le but de nos recherches, de déterminer d'une façon nette et précise en quoi consiste la *Litis Contestatio* dont l'essence — il nous suffira d'en retenir pour preuve le nombre même des interprètes qui ont émis sur elle des avis différents — reste plongée, faute de textes décisifs absolument probants, dans une obscurité que, seul, jusqu'ici, Keller, avec quelque vraisemblance, a réussi à rendre moins profonde.

Nous n'entrerons pas non plus dans l'étude successive des effets multiples de la *Litis Contestatio*, un seul point nous retiendra, celui que nous nous sommes pro-

procès se termine avec la *Litis Contestatio*, acte formel : *Diese... Vorbereitung... schloss mit der Litis Contestatio, dem formellen Act...* consistant à l'origine en un appel de témoins, de la part du demandeur (d'où son nom), afin d'établir ce qui s'est passé *in jure*. L'auteur tire argument de la (*Lex unica*, C. *III*, 9) : *Lis enim tunc contestata videtur cum judex per narrationem negotii causam audire cœperit*, pour en tirer que la *Litis Contestatio* avait terminé la procédure *in jure* et cite le texte de Festus quant à l'étymologie des mots *Litis Contestatio*.

(1) Cf. Bethmann-Hollweg. *Op. cit.*, t. II, § 102, p. 482 et le texte qu'il donne à ce sujet dans la n. 18, tirée de Pline, *Lettres*, V, 1.

posé de mettre en évidence dès le début de ces recherches, à savoir dans quelle mesure la consommation de l'action se rattache à la *Litis Contestatio* et, notamment en ce qui concerne le système formulaire à l'étude duquel nous sommes actuellement parvenu, quelles ont été, à l'origine, les règles de la consommation du droit du demandeur dans le double domaine des *judicia legitima* et des *judicia imperio continentia* que nous aurons à envisager désormais.

Une doctrine très généralement répandue est celle d'après laquelle la *Litis Contestatio* produit, en procédure, un effet extinctif (1), de telle sorte qu'elle éteint le droit originaire du demandeur et le remplace par le droit, nouveau pour lui, d'obtenir une sentence du *judex* en sa faveur. Ainsi, les partisans de ce système rattachent à la *Litis Contestatio* elle-même, à l'époque formulaire, dans tous les cas, l'effet qui, nous l'avons vu, résulte, à l'époque antérieure, de l'application de la maxime : *bis de eadem re ne sit actio.* On se fonde pour le soutenir, sur les paroles suivantes de Gaïus :

(III, 180) : *Tollitur adhuc obligatio litis contestatione, si modo legitimo judicio fuerit actum... Nam tunc obligatio quidem principalis dissolvitur, incipit autem teneri reus litis contestatione... Et hoc est quod apud veteres scriptum est : Ante litem contestatam dare debitorem oportere ; post litem contestatam condemnari*

(1) Cf. KELLER. *L. C. u. U.*, § 9, p. 87 et ss, et, en sens contraire : TARDIF, *Op. cit.*, p. 186-187, *infra*, pp. 152 et ss,

oportere ; post condemnationem judicatum facere oportere.

Et :

(III, 181) : *Unde fit, ut, si legitimo judicio debitum petiero, postea de eo ipso jure agere non possim... quia litis contestatione dari oportere desiit ; aliter atque si imperio continenti judicio egerim, tunc enim obligatio durat... sed debeo per exceptionem.... summoveri.*

Nous n'aborderons pas, dès maintenant, la discussion détaillée de ces textes sur lesquels nous nous réservons de revenir plus tard, nous voulons seulement tirer ici, du dernier d'entre eux, ces deux conséquences relatives à la consommation de l'action, qu'il faut établir une distinction à ce sujet, en premier lieu, entre les *judicia legitima* et les *judicia imperio continentia*, et, en second lieu, entre l'extinction du droit qui se produit *ipso jure* et celle qui survient *ope exceptionis.*

§ III. — Distinction des *Judicia.*

Avant de poursuivre notre étude sur les relations de la *Litis Contestatio* avec la théorie de la consommation de l'action, nous devons rechercher la nature du *judicium legitimum*, celle du *judicium imperio continens*, les déterminer l'une et l'autre, ainsi que le domaine propre de chacun de ces *judicia*. Nous examinerons ensuite la consommation *ipso jure*, la consommation *per exceptionem* et les conditions où elles se produisent. Par là, nous serons tout naturellement amené à aborder l'étude de l'exception, incident inconnu de l'ancienne procédure *per Legis Actionem*, qui, d'une si grande importance dans le système formulaire, joue un rôle absolument capital, comme nous devrons le constater, dans la théorie de la consommation de l'action, c'est-à-dire de la consommation de la *res* (1), soit que cette *res* ait été *judicata*, soit qu'elle ait été seulement *in judicium deducta*.

La distinction des *judicia* est une conception récente; elle demeure inconnue, non seulement aux époques primitives auxquelles appartiennent les premiers principes de la science juridique, mais encore elle est ignorée pendant toute la durée du système des *Actiones Legis*. A n'en pas douter, sa naissance, comme nous l'avons vu (2), est contemporaine du système nouveau, c'est-à-dire se place à cette époque où le préteur voit son influence et, disons-le, son pouvoir en matière judiciaire, singulièrement augmentés. Aussi cette distinction nous paraît être extrêmement profonde et prendre sa racine, non pas dans ces questions de fait dont nous entretient Gaïus (IV, §§ 104-105), mais encore, dans des principes fondamentaux et des considérations d'ordre public. En effet, il nous semble vraisemblable de distinguer d'un côté le *judicium legitimum* qui est, à l'origine du moins, à l'exemple de

(1) Cf. *supra*, p. 50.
(2) Cf. *supra*, p. 60.

l'ancienne procédure, la procédure par excellence, conforme aux prescriptions et aux règles de l'antique *jus civile*, et, de l'autre, le *judicium imperio continens*, nouvelle procédure, dont l'organisation ne correspond plus à l'ancien type consacré par la loi, mais dépend, au contraire, de l'activité nouvelle du magistrat et vaut, dans une certaine mesure, autant seulement, mais pas plus que celle-ci : *tamdiu valent* (*judicia imperio continentia*), *quamdiu is qui ea præcepit imperium habebit* Gaïus (IV, § 105), que celle-ci, disons-nous, à laquelle ne saurait être attachée la même autorité qu'au pur droit civil (1). Dans cette différence entre le *jus civile* d'une part, et le droit nouveau, *jus prætorium*, *quod prætores introduxerunt* (L. 7, § 1 D. I. 1), nous pensons voir l'origine de la distinction nouvelle des *judicia*,

(1) En principe le magistrat est l'esclave de la loi qu'il applique, son rôle est d'en assurer l'efficacité. Donc, il ne saurait, sans outrepasser son pouvoir, introduire aucune innovation dans le domaine législatif. En réalité, il n'en fut pas ainsi à Rome, toutefois il ne sera pas sans intérêt, pensons-nous, de rappeler à ce sujet les paroles de Platon qui, après avoir posé le principe précédent, voit, dans son observation rigoureuse, le fondement même de tous les biens que les dieux puissent accorder à l'Etat et, dans son oubli, prévoit, au contraire, la perte imminente et fatale de la patrie. « Τοὺς δ᾽ ἄρχοντας λεγομένους νῦν ὑπηρέτας τοῖς νόμοις ἐκάλεσα οὔ τι καινοτο- « μίας ὀνομάτων ἕνεκα, ἀλλ᾽ ἡγοῦμαι παντὸς μᾶλλον εἶναι παρὰ τοῦτο σωτερίαν « τε πόλει καὶ τοὐναντίον. Ἐν ᾗ μεν γάρ ἂν ἀρχόμενος ᾖ καὶ ἄκυρος νόμος « φθορὰν ὁρῶ τῇ τοιαυτῃ ἑτοίμην οὖσαν· εν ᾗ δὲ ἂν δεσπότης τῶν ἀρχόντων, « οἱ δὲ ἄρχοντες δοῦλοι τοὺ νόμου, σωτερίαν καὶ πάντα ὅσα θεοὶ πόλεσιν ἔδοσαν « ἀγαθὰ γιγνόμενα καθορῶ ». Platon. Νομων Βιβλ. Δ. — *Leges*, liber IV. *Platonis opera ex recensione*, C. E. Schneideri, Parisiis, 1846, editore Ambrosio Firmin-Didot. Texte grec avec traduction latine, t. II, p. 326, lig. 19.

le fait même que cette origine se trouve ainsi contemporaine de l'extension prise par l'activité du préteur, milite fort en faveur de notre dire.

L'ensemble du droit tendait cependant à s'unifier peu à peu à mesure que le préteur introduisait dans son édit de nouvelles dispositions dans le but de compléter le *jus civile*, de suppléer à ses lacunes, ou même d'en corriger (1) les imperfections et les rigueurs, de telle sorte que le *jus civile* et le *jus prætorium* ou *honorarium* finirent ainsi par se confondre en fait : *Nam et ipsum jus honorarium viva vox est juris civilis* (2). Par suite de cette confusion, la distinction des *judicia* en *legitima* et *imperio continentia* continue à se révéler par des signes extérieurs plus visibles et plus faciles à déterminer que les causes réelles et intrinsèques auxquelles, avons-nous vu, elle devait sa naissance, de telle sorte qu'on s'arrêta, en dernière analyse, pour distinguer les *judicia* les uns des autres, à des questions de fait relatives au lieu ou aux personnes et non plus à la différence, de moins en moins sensible, entre la *Lex* et l'activité du préteur, considérées l'une et l'autre comme les deux sources du droit civil et prétorien. Cette assimilation est accomplie dès l'époque de Gaïus, elle nous permet de comprendre comment a pu se réaliser de fait ce résultat, paradoxal en apparence, à savoir qu'un *judicium* ait pu être à la fois *ex lege* et non *legitimum*

(1) (L. 7, § 1 D. I, 1). *Jus prætorium est quod prætores introduxerunt, adjuvandi, vel supplendi, vel corrigendi juris civilis gratia.*
(2) (L. 8, D. I. 1).

et, à l'inverse, *legitimum* et non *ex lege* (1).(Gaïus, IV, § 109) : *Ceterum potest ex lege quidem esse judicium, sed legitimum non esse et contra ex lege non esse, sed legitimum esse.*

(1) D'ailleurs on peut concilier encore autrement notre opinion avec les remarques de Gaïus (IV, 109) en considérant un *judicium* d'une part quant à sa forme, et, de l'autre, quant à son contenu. Le jurisconsulte romain, en effet, s'occupe des *judicia*, non eu égard à leur nature d'une façon abstraite, mais il les envisage, au contraire, relativement au droit pour la protection duquel ils sont organisés, ce qui est bien différent. Le *judicium legitimum* reposerait alors sur la *Lex*, celle-ci serait sa source quant à sa forme, non quant à son contenu. De cette façon, un *judicium, legitimum* par sa forme, peut ne pas être *ex lege* si l'on considère que la prétention du demandeur est garantie non par la loi, mais par le préteur, et à l'inverse l'exercice d'un droit prétorien peut donner lieu à un *judicium legitimum*, si la forme de ce dernier est,en fait,conforme au *jus civile*. Le reproche que nous ferions à cette distinction serait sa trop grande subtilité, aussi préférons-nous le système que nous avons exposé au texte. Vz., sur cette distinction relative à la forme de la procédure : KELLER. *Litis Contestatio und Urtheil*, § 12, p. 112, texte et note 1. — PUCHTA. *Op. cit.*, t. II, § 159, *in fine*. — Cogliolo (*Trattato teorico pratico della eccezione di cosa giudicata*. Torino, Fratelli Bocca, t. I, 1883, § 5, p. 20) admet la théorie de Puchta et voit la différence entre le *judicium legitimum* et le *judicium imperio continens*, non dans le contenu, mais dans la forme : *Non era di contenuto ma di forma*. Nous ne pensons pas qu'à l'époque de Gaïus le *judicium legitimum* et le *judicium imperio continens* se distinguent encore l'un de l'autre d'après la source du droit pour la consécration duquel ils sont organisés. A ce moment déjà, la distinction entre le droit civil et le droit prétorien tend elle-même à s'effacer de plus en plus ; cette confusion, en effet, comme nous l'avons montré au texte, est constatée par un fragment des *Institutionum Libri* XVI d'Ælius Marcianus. Or, cet auteur, dit Rudorff (*Römische Rechtsgeschichte*, t. I, § 77, p. 198), écrivait sous les règnes de Septime Sévère et de Caracalla, c'est-à-dire à la fin du IIe siècle et au début du IIIe siècle, par conséquent, quelques années seulement après Gaïus dont le dernier écrit, *ad senatusconsultum orphitianum* atteste encore l'existence à la fin

Et la fin de ce même fragment : *Et, ex diverso, si ex ea causa ex qua nobis edicto prætoris datur actio..... accipiatur judicium, legitimum est*, est à rapprocher du texte précité (L. 8, D. I,1) en ce sens que si,comme le dit Gaïus, une *actio edicto prætoris data* peut, sous certaines conditions, donner lieu à un *judicium legitimum*, la raison en est que, d'autre part, le *jus honorarium* est en même temps assimilé au *jus civile* dont il est la voix vivante,c'est-à-dire à celui dont à l'origine la *Lex* a été la base (1).

A. — Du *Judicium legitimum*.

Le *judicium legitimum* est le plus intéressant à considérer dans notre étude touchant la consommation de l'action au temps de la procédure formulaire, car, ainsi

du règne de Marc-Aurèle (*Inst.* III, 4 pr.). Il est donc permis de penser, sans pour cela commettre d'anachronisme, que la confusion relevée dans le texte de Marcianus était également vraie au temps de Gaius, quinze ou vingt années plus tôt. Aussi ne croyons-nous pas devoir admettre, avec M. Wlassak, qu'à l'époque de Gaïus, la cause de la distinction des *judicia* soit encore dans l'opposition du droit civil et du droit honoraire, et cela parce qu'il est inexact d'affirmer que ceux-ci s'excluent l'un l'autre : *Volks und Amtsrecht schliessen sich bekanntlich aus.* —WLASSAK. *Romische Processgesetze*, t. II, § 18.

(1) Nous n'entrerons pas dans l'étude complexe de la *Lex*, ce qui nous détournerait de notre but ; il nous suffira de dire que nous entendons par ce mot la source du pur droit civil romain. Ainsi comprise, la *Lex* est une formule obligatoire en vertu du consentement mutuel des magistrats et du peuple. On consultera à ce sujet avec intérêt l'ouvrage de M. Wlassak, *Romische Processgesetze* et

que nous le verrons, la règle *bis de eadem re ne sit actio* ne s'applique pas, en principe, en dehors de lui. Nous porterons nos recherches tout particulièrement sur lui en faisant remarquer, en outre, dès maintenant, que tout *judicium* auquel manque un des caractères que nous avons examinés, sera *imperio continens*, de telle sorte que, par voie d'élimination, ce dernier sera facilement distingué.

Gaïus définit les *judicia legitima* de la façon suivante :

Gaïus (IV, § 104) : *Legitima sunt judicia, quæ in urbe Roma, vel intra primum urbis Romæ milliarium, inter omnes cives Romanos sub uno judice accipiuntur.*

Trois caractères du *judicium legitimum* sont relevés dans ce texte, un relatif au lieu où il est organisé, à Rome ou dans un rayon s'étendant en deçà du premier mille autour de Rome ; deux relatifs aux personnes, l'un concernant les plaideurs qui doivent être citoyens romains, l'autre s'appliquant au *judex* qui doit être *unus* (1) et également citoyen romain. Gaïus laisse

notamment le § 24, t. II, p. 93, où l'auteur s'exprime ainsi (p. 94) : *Lex ist also eine Formel, mit der ein Teil dem anderen, dessen Zustimmung erwartert wird, eine Verpflichtung auflegt.*

(1) M. Wlassak (*Römische Processgesetze*, t. II, § 22, p. 83), dans sa distinction tripartite des caractères du *judicium legitimum* : *ortlich, persönlich, sachlich*, envisage, comme nous l'avons fait, la question de lieu et la question de personnes, celle-ci, toutefois, quant aux plaideurs seulement ; il voit, au contraire, dans la nécessité de l'*unus judex* une question positive (*sachlich*) « en tant que la loi ne soumet à ses règles que les seuls procès qui se poursuivent *sub uno judice*, c'est-à-dire ceux-là seuls qu'un juge unique a reçu pour mis-

de côté, comme nous l'avons dit plus haut, le fondement même du *judicium legitimum* ; en effet, il se propose de composer un manuel pratique, il se borne à indiquer, par conséquent, les caractères extérieurs à la vue desquels le lecteur reconnaîtra immédiatement le *judicium legitimum* ; son but n'est pas d'entrer dans une dissertation philosophique sur ses origines et ses causes. Nous retrouvons cependant la trace de celles-ci dans les deux premières conditions relatives au lieu de l'instance et à la qualité des plaideurs, car nous savons, en effet, qu'en principe la *Legis Actio*, dont le fondement est aussi celui du *judicium legitimum*, était en elle-même une procédure essentiellement romaine et quiritaire, donc se poursuivant uniquement à Rome entre citoyens romains, nous espérons pouvoir également la découvrir dans le troisième touchant l'*unus judex*.

a). *Origine et valeur propre du* judicium legitimum.— Avant d'étudier les trois caractères du *judicium legitimum* qui viennent d'être énumérés, nous tenons à préciser, une fois pour toutes, la nature et l'origine de celui-ci, de façon à établir que la loi, à notre avis, forme la base fondamentale et exclusive sur laquelle il repose.

sion de trancher ». La qualité de citoyen romain, exigée du *judex unus*, n'est pas directement indiquée par Gaïus au sujet du *judicium legitimum*, mais elle se déduit, *a contrario*, du passage concernant les *judicia imperio continentia* (IV, 105), argument des mots : *Imperio vero continentur.... quæ..... accipiuntur interveniente peregrini persona judicis.....*

Dans son domaine, le rôle du magistrat, bien éloigné de celui d'un novateur, consiste uniquement à se conformer à la loi. Le préteur nous paraît alors tel que le concevait Platon, pour le plus grand bien de l'ordre public, c'est-à-dire l'esclave de la loi : ὁ δοῦλος τοῦ νόμου. Aussi nous paraît-il juste d'appliquer au *judicium legitimum*, dans une certaine mesure, en tenant lieu notamment de l'abandon des formalités archaïques et solennelles, d'appliquer, disons-nous, au *judicium legitimum* de la loi *Æbutia*, ce que nous avons dit de la *Legis Actio*. Le préteur remplit ici une fonction judiciaire, en tant seulement que fonctionnaire appliquant la loi. Sur celle-ci seule repose l'organisation de l'instance, abstraction faite de toute ingérence personnelle du magistrat, dont la présence néanmoins est indispensable à la direction des débats. Par suite, Mommsen nous paraît s'être engagé dans une voie dangereuse en admettant que le *judicium legitimum* repose sur l'*imperium* du préteur, tout autant que le *judicium imperio continens* (1). Nous ne pensons pas définir exactement le premier en appelant *legitimum*, le *judicium* qui émane du pouvoir attribué au magistrat par la constitution. L'opposition des deux sortes de *judicia* et les termes mêmes qui les

(1) MOMMSEN. *Die Rechtsfrage zwischen Cæsar und dem Senat*, Breslau 1857, p. 24, note 52 : *das judicium legitimum gerade so gut wie das judicium quod imperio continetur auf dem Imperium beruht....* Bien mieux inspiré est Mommsen lorsqu'il déclare que *agere lege* et *agere legitimo judicio* sont deux modes d'agir qui appartiennent à la même source et procèdent l'un de l'autre. — (Cf. MOMMSEN, *Judicium legitimum*, *Zsavst R. A.*, t. XII, 1892, p. 278).

distinguent ne permettent pas de leur donner pour origine commune l'*imperium* du magistrat (1). En réalité, leur fondement ne peut être identique ; comme le remarque Pernice, qui combat la théorie de Mommsen, le *judicium legitimum* ne repose pas sur l'autorité du préteur qui l'a organisé, mais bien sur la loi elle-même (2). Tel est évidemment le sens du mot *legitimum*, surtout étant donné que Gaïus l'oppose à l'*imperium* du magistrat dont il fait dépendre la seconde classe de *judicia* qu'il distingue (3). Cet argument nous paraît décisif, de même que le magistrat ne donne pas une action quand celle-ci est prévue par la loi, que son rôle en pareil cas se borne simplement à ne pas refuser la délivrance de la formule (4), de même ce n'est point lui qui organise un *judicium legitimum*, il préside simplement à son accomplissement quand rien ne s'y oppose en vertu même de la loi.

D'ailleurs, les effets attachés exclusivement au *judicium legitimum* sont là pour attester sa valeur et sa supériorité sur le *judicium imperio continens* ; il est capable d'en engendrer certains que ce dernier serait

(1) En effet, Gaius (IV, 104-105) oppose directement le mot *legitimum* au mot *imperium* lorsqu'il nous dit d'une part : *Legitima sunt judicia* et, plus loin, *imperio contineri judicia dicuntur*. Est à remarquer également l'emploi de *sunt* dans le premier cas par opposition à *dicuntur*, ce qui donne plus de force encore à *legitima*.

(2) Pernice. *Zeitschrift für Rechtsgeschichte rom. Abth.*, t. XVIII, p. 122 (t. V, *Zsavst.*).

(3) G., IV, § 105, *in fine*.

(4) Cf. Wlassack. *Römische Processgesetze*, t. I, ch. I, p. 42, texte et note 6.

impuissant à produire. On ne peut concilier un pareil état de chose avec la théorie de Mommsen sur le *judicium legitimum*, car si ce dernier a la même base que le *judicium imperio continens*, il devrait en résulter que ces deux sortes de *judicia*, identiques quant à leur origine, fussent également identiques quant à leurs effets ; ceux-ci à leur tour devraient être aussi bien dans le domaine des *judicia legitima* que dans celui des *judicia imperio continentia*, d'ordre égal seulement ; enfin si le fondement des uns et des autres est le même, la cause est absente, qui pourrait engendrer dans les premiers tel résultat que les seconds seraient incapables de produire. Si maintenant nous parvenons précisément à découvrir un effet au moins, spécialement attaché au *judicium legitimum*, il faudra, ce nous semble, en conclure nécessairement que cet effet particulier étant venu à se manifester dans le domaine du *judicium legitimum*, une cause propre à ce dernier doit exister également qui le distingue du *judicium imperio continens*. Or, précisément, en laissant de côté les règles relatives à la consommation de l'action, l'existence d'une vertu propre au *judicium legitimum* nous est attestée par le jurisconsulte Paul.

(Fragmenta Vaticana) § 47, *Ususfructus..... per in jure cessionem et deduci et dari potest. Potest constitui et familiæ erciscundæ vel communi dividundo judicio legitimo.*

Ce texte reconnaît au *judicium legitimum* une vertu propre, celle de permettre à l'*adjudicatio* d'opérer, au point de vue civil, le transfert d'un droit réel. Pareil résultat ne pourrait avoir lieu au cas où il s'agirait d'un *judicium imperio continens*. Nous nous trouvons donc bien ici en présence d'un effet spécial, tel que nous le cherchions tout à l'heure, c'est-à-dire attaché au *judicium legitimum* à l'exclusion de tout autre, effet spécial qui est l'indice d'une cause originelle spéciale également et différente de celle du *judicium imperio continens*. De plus, Paul, en mettant sur la même ligne la *cessio in jure* et l'*adjudicatio* dans un *judicium legitimum*, nous semble indiquer bien nettement que ce dernier ne prend pas sa source dans l'activité du magistrat. Bien au contraire, ses racines sont plus profondes; comme celles de la *cessio in jure*, elles puisent la force dont ce *judicium* est revêtu dans le droit civil lui-même, dont à son tour la *Lex* et non le préteur forme la base.

b). *Caractères du* judicium legitimum. — La *Legis Actio*, avons-nous vu, était la procédure par excellence, apanage exclusif du *civis romanus*. A ce titre elle ne pouvait s'accomplir hors de Rome et même là subissait-elle encore des limitations quant au temps et quant au lieu. Un pareil état de choses concordait avec cette conception étroite et formaliste des rapports de droit et spécialement des formes juridiques, conception qui semble se retrouver, à vrai dire, dans toutes les civilisations primitives et dont les institutions romaines offrent à leur début un exemple frappant. La limitation de la *Legis Actio* à l'enceinte même de Rome nous paraît s'allier entièrement avec ce que nous croyons savoir des origines de l'histoire romaine. Si lointaines et fabuleuses qu'elles soient, il est, en effet, extrêmement vraisemblable que Rome ne dût pas sa naissance à des autochtones, mais plutôt que des étrangers, Latins, Sabins, Etrusques, furent ses premiers hôtes; ceux-ci ne trouvaient donc point dans leurs voisins immédiats des compatriotes et des alliés, mais au contraire des ennemis (1). Il en résulta qu'enfermés dans leurs murs, les premiers Romains jetèrent, à eux seuls et pour eux seuls, les fondements d'un droit national et original dont tout autre qu'eux se trouvait exclu (2); voilà pourquoi le citoyen romain nous apparaît plus tard seul capable de figurer dans une procédure solennelle, *cessio in jure* ou *Legis Actio*, par exemple.

Si maintenant nous considérons l'aversion des Romains pour toute modification brusque et leur scrupuleux attachement à tout vestige du passé, nous comprendrons mieux pourquoi leur tendance, en innovant, est de procéder, non par substitution, mais bien, au contraire, par juxtaposition. La forme ancienne subsiste à côté de la nouvelle et continue à demeurer en vigueur concurremment avec celle-ci, jusqu'à ce qu'elle tombe enfin en désuétude par l'effet

(1) *Hostes*, étranger, ennemi public.

(2) Cf. Wlassak. *Römische Processgesetze*, t. II, § 35, p. 265, qui constate également que la limitation concernant l'enceinte de Rome, remonte à une haute antiquité.

même du temps écoulé, le législateur constate sa disparition, bien plus qu'il ne la décrète. Il en fut ainsi en procédure ; l'apparition de la formule, comme nous l'avons observé, ne fait pas immédiatement disparaître la *Legis Actio*, nous continuons à retrouver les règles de celle-ci dans le *judicium legitimum* pendant qu'à côté de ce dernier, pour satisfaire aux exigences modernes entraînées par des relations de jour en jour plus étendues et des mœurs plus policées, partant devenues moins formalistes, apparaît le *judicium imperio continens*. De cette façon s'expliquent d'eux-mêmes les deux caractères du *judicium legitimum* relevés par Gaïus, touchant le lieu où s'agite le procès et la qualité des plaideurs (1).

La nécessité de l'*unus judex*, rattachée au *judicium*

(1) A quel moment du procès faut-il se placer pour examiner si le *judicium* a eu lieu à Rome ou au moins en deçà du premier mille, ou au contraire en dehors de ces limites, et décider par suite que, les deux autres conditions étant d'ailleurs réalisées, le *judicium* est ou non *legitimum* ? Suffit-il que la première phase du procès ait eu lieu à Rome devant le préteur, abstraction faite du lieu où le *judex* rendra sa sentence, ou faut-il de plus que la seconde phase de la procédure, à l'exemple de la première, remplisse la condition exigée quant au lieu : *Romæ vel intra primum urbis Romæ milliarium* ? La question est obscure.

M. Wlassak (*Römische Processgesetze*, t. II, § 35, pp. 283 et ss.) estime qu'il suffit de considérer la procédure *in jure*, de telle sorte que la condition relative au lieu sera suffisamment remplie si cette première phase du procès s'est déroulée à Rome, ou dans le premier mille en deçà et cela indépendamment du lieu où la sentence sera rendue. Pour soutenir son opinion il tire argument des deux textes suivants, le premier d'Ulpien :

(L. 8, pr. D. XVII, 1) : *Si procuratorem dedero nec instrumenta mihi*

legitimum, s'explique, elle aussi, par des considérations historiques et repose sur les principes fondamentaux de la matière. Gaïus (IV, 104, 105) oppose les *judicia legi-*

causæ reddat, qua actione mihi teneatur? Et Labeo putat mandati eum teneri; nec... agi posse depositi; unuscujusque enim contractus initium spectandum et causam.

Et le second de Paul :

(L. 12, D. XIV, 6) *Sed si jusserit pater filio credi deinde ignorante creditore, mutaverit voluntatem, locus senatusconsulto non erit, quoniam initium contractus spectandum est.*

Il en conclut qu'il suffit de considérer le début d'un *judicium* pour décider s'il est ou non *legitimum,* suivant que la procédure *in jure* par laquelle il a commencé, a ou non rempli la condition de lieu relatée par Gaïus et cela, parce que, dans tout contrat, le début seulement doit être considéré : *initium contractus spectandum est.*

Quant à nous, nous serions plus exigeant que M. Wlassak ; nous estimons qu'un *judicium,* pour remplir la condition de lieu, doit se dérouler entièrement à Rome, *in jure* et *in judicio.* En effet, lorsque Gaïus nous parle de *judicium,* il entend comprendre par là le procès tout entier, en tout cas, il n'est guère vraisemblable qu'il emploie ce mot *judicium* pour désigner la première phase seulement de la procédure.

Il y a plus, les textes cités peuvent-ils être ici mis en cause? Nous ne le croyons pas. En effet, l'espèce envisagée par Ulpien dans le premier est relative à une question de mandat judiciaire sur laquelle est venue se greffer ultérieurement une question de dépôt relative aux pièces du dossier. Dans ces conditions, quelle voie se trouve ouverte au *dominus litis* pour obtenir la restitution de celles-ci? Devra-t-il intenter l'action de mandat ou l'action de dépôt? Ulpien, sur la foi de Labéon, indique l'action *mandati* non seulement, observons-le, par la raison que le premier contrat intervenu entre les parties était un mandat, mais encore parce que ce mandat est la cause de la difficulté actuelle survenue après coup, de telle sorte qu'il faut considérer à la fois le début et la cause : *initium contractus et causam.*

Dans le second texte, Paul décide que le sénatusconsulte macédonien ne pourra être invoqué contre le créancier du fils de famille dans un cas où le *paterfamilias,* ayant en premier lieu autorisé un

tima, quæ sub uno judice accipiuntur, aux *judicia recuperatoria*, lesquels sont *imperio continentia*; il s'agit donc, en définitive, d'examiner pourquoi le caractère

prêt en faveur de son fils, est ensuite revenu sur sa décision, de telle sorte que le prêt ait été, en dernier lieu, consenti, sans que le prêteur ait eu connaissance de ce changement d'avis et le motif de cette décision est qu'il faut envisager le début de l'affaire : or à l'origine le prêt avait été en fait autorisé. Observons qu'ici aussi, le jurisconsulte tient implicitement compte, non seulement de l'origine du contrat, mais aussi de sa cause; il ressort, en effet, du texte, que l'ordre du père de famille a été la cause du prêt, ordre sans lequel le prêteur ne l'aurait certainement pas consenti au fils; cela est tellement vrai que la réponse de Paul peut être invoquée dans l'hypothèse seulement où le prêteur a ignoré le changement survenu dans la volonté du *paterfamilias*. Ainsi, malgré l'*initium contractus*, on pourrait néanmoins invoquer le sénatusconsulte macédonien contre le créancier, si celui ci avait agi en parfaite connaissance de cause après le retrait de l'autorisation paternelle.

Les deux textes cités par M. Wlassak sont ainsi relatifs à des contrats, il s'agit d'un mandat dans le premier, d'un *mutuum* dans le second et, dans les deux, les expressions identiques : *initium contractus spectandum*, cadrent parfaitement avec les espèces considérées Au contraire tirer argument de ces mots : *initium contractus* quand il s'agit d'un *judicium* serait les appliquer à un cas pour lequel ils n'ont pas été écrits ; ce serait très certainement donner au mot *contractus* un sens qu'il n'a pas, on ne peut assimiler l'hypothèse d'un procès à celle d'un contrat; aussi, selon nous, les textes invoqués par M. Wlassak ne peuvent servir à soutenir son argumentation.

Comme conséquence, les textes cités devenant ainsi étrangers à la matière, le mot *judicium*, d'autre part, indiquant dans Gaïus (IV, 104) le procès tout entier, la conclusion immédiate de ces prémisses doit être que la condition de lieu exige, pour se trouver entièrement remplie, l'accomplissement, à Rome ou en deçà du premier mille, des deux phases de la procédure. Ainsi, le *judicium* organisé en province qui se terminerait à Rome ne serait pas *legitimum*, pas plus d'ailleurs que le *judicium* organisé, à l'inverse, à Rome, qui recevrait une solution au dehors de ses murs et de la limite prescrite.

Il n'est, d'ailleurs, pas vraisemblable que pareilles circonstances se

de légitimité (1) appartient au procès terminé par la sentence du *judex unus*, tandis qu'à l'inverse et toutes choses égales d'ailleurs, ce caractère sera refusé à celui qui sera tranché par les récupérateurs.

A l'origine, les récupérateurs ont pour mission de mettre un terme aux difficultés qui s'élèvent entre citoyens romains et pérégrins (2), la présence de ces derniers rendait impossibles les formalités de la *Legis Actio*; aussi est-il vraisemblable que la procédure des *Actiones Legis* était exclusive en principe des récupérateurs. Peut-être, mais la question est fort douteuse, en arriva-t-on à déférer à des récupérateurs un procès lié *per Legis Actionem*, ce ne fut là, en tous cas, qu'une procédure très rarement suivie, et les anciens récupérateurs nous apparaissent figurer en qualité de juges uniquement dans les procès intéressant des pérégrins (3). C'est, d'ailleurs, comme remplissant cette fonction spéciale que nous les signale Festus (4).

produisent fréquemment, car en principe une instance se termine là où elle a été introduite : *Ubi acceptum est semel judicium, ibi et finem accipere debet* (L. 30, D. V. 1).

(1) Ce terme est employé par Wlassak. Cf. *Römische Processgesetze*, t. I, § 3, p. 31 ; t. II, § 22, p. 70, etc...

(2) Cf. Accarias. *Précis de Droit romain*, t. II, § 787, p. 662, texte et n. 1.

(3) Cf. Wlassak. *Rom. Proc.*, t. II, § 37, p. 299.

(4) Cf. Festus. *Reciperatio est, ut ait Gallius Ælius, cum inter populum et reges nationesque et civitates peregrinas lex convenit, quomodo per reciperatores reddantur res reciperenturque, res privatas inter se persequantur.* — Cf. Girard. *Manuel*, pp. 953 et 954, texte et n. 1.

Rudorff est très net à ce sujet et divise les *judices* en deux classes, l'une d'elles comprend les *judices* internationaux ou récupérateurs, l'autre les *judices* nationaux ou *judices* proprement dits (1); enfin comme juges saisis d'un procès s'agitant entre citoyens romains, Puchta, dans son *Traité des Institutions*, ne nous parle des récupérateurs que postérieurement à la loi *Æbutia* (2).

Par suite, là ou figurent des récupérateurs, il ne s'agit point d'une instance régulièrement organisée, au temps des *Legis Actiones*, d'après les principe mêmes du *jus* civile, bien plutôt, au contraire, leur nom fait naître cette pensée que des étrangers sont parties au procès qui s'agite.

Or, le *judicium legitimum* représente, dans la nouvelle procédure, l'instance organisée suivant les prescriptions de l'ancien droit civil (3) et prend depuis la loi *Æbutia* et les *leges Juliæ* la place laissée vacante par la *Legis Actio* (4). Par suite, les Romains, avec l'esprit

(1) Cf. RUDORFF. *Römische Rechtsgeschichte*, t. II, § 6, p. 25.

(2) Cf. PUCHTA. *Op. cit.*, t. II, § 154, p. 36: *Seit der Lex Æbutia...*

(3) Cf. BETHMANN-HOLLWEG. *Op. cit.*, t. II, § 103, p. 489: *Judicium legitimum, das heisst... ein nach der Vorschrift des alten Civilrechts angeordnetes judicium.*— KELLER, également, voit dans le *judicium legitimum* l'instance organisée suivant les règles du pur *jus civile* et s'exprime ainsi très clairement: *Das Jus civile setzt einem vollgultigen Judicium gewisse formelle Requisite voraus*; *nur ein solches Judicium... ist ein wahres civiles Judicium. Ein solches... echtes, civiles Judicium ist es, was legitimum Judicium genannt wird.* (*Litis Contestatio und Urtheil*, § 12, p. 112.)

(4) Cf. WLASSAK. *Röm. Process.*, t. II, § 31, p. 188. — JOBBÉ-

de suite qui les caractérise et leur attachement aux principes établis, continuent à lui appliquer également, en ce qui concerne la qualité des juges, la règle de l'*unus judex*. En jetant ainsi un coup d'œil en arrière, on arrive à comprendr· la raison, à première vue bizarre, pour laquelle un procès dont la sentence devra être prononcée par les récupérateurs ne peut constituer un *judicium legitimum* (1).

c). *Durée du* Judicium legitimum — En principe, une instance, une fois organisée, est perpétuelle, quel que soit l'intervalle de temps qui sépare le moment où elle est introduite devant le magistrat, de celui auquel la sentence est prononcée par le juge. En fait, sous le système des *Legis Actiones*, aucune limitation n'atteignait la durée du procès et, avant les lois *Juliæ*, la procédure civile romaine n'a rien connu d'analogue à la péremption d'instance telle que nous la comprenons aujourd'hui (2). Cet état de choses était en harmonie

DUVAL. *Etude sur l'Histoire de la Procédure civile chez les Romains*. Paris, 1896, t. I, p. 281, note 2.

(1) D'ailleurs on peut se demander si, à l'origine de la procédure formulaire, les récupérateurs n'étaient pas précisément désignés par le préteur, dans les cas spéciaux où ils étaient auparavant compétents? Nous trouvons cette hypothèse formulée par PUCHTA (*Op. cit*, t. I, § 83, p. 360). Si on en admet l'exactitude, nous retombons dans un des cas précédemment indiqués, le procès tranché par les récupérateurs ne pourra constituer un *judicium legitimum*, précisément parce qu'il ne s'agitera pas uniquement ent·e citoyens romains et ne remplira pas la condition indiquée par Gaïus : *inter omnes cives romanos*.

(2) *Code Proc. Civ.*, art. 397, ss.

avec la conception romaine touchant la perpétuité des rapports de droit ; de même qu'un laps de temps, si long soit-il, est impuissant à détruire par lui-même un contrat régulièrement formé, de telle sorte qu'en matière d'obligations, le terme extinctif n'est pas admis (1), et qu'en matière de droits réels, la propriété ne peut être transférée à temps (2), de même aussi, aucun délai ne saurait porter atteinte à la validité d'une instance régulièrement organisée suivant la loi.

Cependant, l'ordre public demande que les procès se terminent dans le plus bref délai possible, ce résultat est difficilement atteint quand des plaideurs négligents peuvent, à leur gré, les laisser indéfiniment pendants, sans s'exposer pour cela à aucune déchéance. De plus, la mission des juges est rendue singulièrement plus difficile, et la charge publique dont ils sont revêtus devient aussi plus lourde, par l'accumulation possible des procès. Il peut arriver, en effet, en l'absence de toute péremption d'instance, qu'une multitude de plaideurs se présente simultanément à un moment donné, afin d'entendre le prononcé de la sentence et de terminer ainsi des affaires laissées depuis longtemps en suspens. D'un autre côté, dans l'intérêt même de la bonne administration de la justice, il importe que l'intervalle qui sépare la procédure *in jure*, de celle *in judicio*, soit aussi court que possible ; en effet, le

(1) PAUL : *Placet etiam ad tempus obligationem constitui non posse.* (L. 44, § 1, D. XLIV, 7).

(2) *Ad tempus proprietas transferri nequit.* Frag. Vat. § 283.

judex, pour apprécier les éléments du litige, doit se placer au moment où la *Litis Contestatio* a eu lieu (1); ses recherches, à ce point de vue, seront donc d'autant plus faciles, leurs résultats d'autant plus certains qu'elles se référeront à une époque plus récente, à l'inverse, le *judex* rencontrera, le plus souvent, de grandes difficultés à apprécier le caractère exact d'un fait depuis plusieurs années déjà accompli. La limitation des *leges Juliæ* répondait ainsi à une véritable nécessité tant au point de vue des magistrats (2), que de l'administration de la justice elle-même ; quant aux plaideurs, seuls les négligents pouvaient avoir lieu de se plaindre des nouvelles dispositions.

La portée des *leges Juliæ* nous est clairement indiqué par Gaïus (IV § 104) ; elles limitent à une durée extrême de dix-huit mois, la période à la fin de laquelle les plaideurs auront dû terminer la procédure tout entière et obtenir une sentence :

(G. IV § 104) *Legitima judicia... eaque lege Julia judiciara nisi in anno et sex mensibus judicata fuerint expirant* ; *et hoc est quod vulgo dicitur e lege Julia litem anno et sex mensibus mori.*

De telle sorte que si au bout de dix-huit mois aucune sentence n'a encore été rendue, il est désormais impossible au plaideur de poursuivre son procès. Il se trouve par là définitivement forclos. Cette forclusion,

(1) Cf. TARDIF. *Op. cit.*, p. 85.

(2) Cf. à ce point de vue, PUCHTA, *Op. cit.*, § 159, p. 76, texte et note *b*.

comme nous le verrons plus loin, combinée avec la théorie de la consommation de l'action tirée de la règle *bis de eadem re ne sit actio*, est définitive, en ce sens que le plaideur ne pourra même plus introduire à l'avenir une nouvelle demande *de eadem re*. Il en résulte que la péremption d'instance, telle que nous la rencontrons à Rome après les lois *Juliæ judiciariæ*, entraîne à sa suite des effet bien plus graves, puisqu'ils sont définitifs, que la péremption d'instance de notre Code de procédure civile. Celle-ci, à vrai dire, a bien pour conséquence d'éteindre la procédure accomplie jusqu'à la dernière poursuite survenue depuis trois ans, mais elle reste, cependant, sans influence sur l'existence même du droit du demandeur qui peut en conséquence introduire à nouveau une seconde demande et la mener encore à bonne fin.

Gaïus ne nous dit malheureusement pas à partir de quel instant commence à courir le délai de dix-huit mois imparti au demandeur par les *leges Juliæ* pour terminer son procès. La question est fort difficile à résoudre, en effet, dans les paroles de Gaïus : « *judicia... expirant* », le mot *judicium* peut parfaitement être rapporté à la durée tout entière du procès, d'où il suit que, pour être terminé en temps utile, le procès tout entier devrait être terminé en dix-huit mois. Or, à quel moment un procès a-t-il commencé ? Evidemment, sinon dès l'introduction de l'instance, dès la *vocatio in jus*, par exemple, du moins au plus tard, dès la première comparution des parties devant le préteur. En se plaçant à ce point de vue, le délai des *leges Juliæ* commencerait donc à courir du premier jour de la procédure *in jure*, telle est la pensée de M. Wlassak (1).

D'un autre côté il est de règle qu'on doit se placer au moment de la *Litis Contestatio* pour apprécier, non seulement tous les éléments du litige, mais encore le litige lui-même. Or, nous dit Gaïus, ce litige s'éteint en dix-huit mois : *vulgo dicitur litem anno et sex mensibus mori*, d'où l'on conclut que le litige ne devant être apprécié qu'au moment de la *Litis Contestatio*, c'est à dater de cet instant que commencent à courir les dix-huit mois. Telle est l'opinion de Keller et à sa suite, celle de la plupart des interprètes (2) ; elle est moins rigoureuse que la précédente et plus favorable aux parties, car elle augmente la durée du délai en pla-

(1) Wlassak. *Römische Processgetze*, t. II, § 19, p. 28.

(2) Pour Keller (*Litis Contestatio und Urtheil*, § 15), la formule des *judicia imperio continentia* n'a de valeur que pendant la durée des pouvoirs du magistrat qui l'a délivrée, l'auteur se place donc ici au moment de la *Litis Contestatio*. Passant à la formule du *judicium legitimum*, il indique que sa valeur n'est à l'origine atteinte par aucune prescription, mais que la *lex Julia judiciaria* l'a limitée à dix-huit mois. Il résulte donc de ce parallèle établi entre la formule du *judicium imperio continens* et celle du *judicium legitimum* que le délai de dix-huit mois commence à courir à partir de la *Litis Contestatio*, placée par l'auteur au moment de la délivrance de la formule. Cette doctrine est de nouveau soutenue par Keller (*Der Römische Civilprocess*, § 45, p. 185). M. Girard semble se prononcer implicitement dans ce sens (Cf. *Manuel*, p. 1004), en parlant de la perte, au bout de dix-huit mois du droit nouveau donné par *Litis Contestatio*.

çant ainsi son point initial à une période plus tardive de la procédure.

Enfin, en argumentant du mot *judicium* et en le rapportant uniquement à la procédure accomplie devant le *judex*, on arrive à faire courir le délai des lois *Juliæ*, non plus à partir d'un instant quelconque de la procédure *in jure*, mais seulement à dater de la première comparution des parties *in judicio*. De cette façon la prescription de l'instance des *leges Juliæ* n'atteindrait point les *judicia legitima* restés pendants après la *Litis Contestatio*, mais avant le début de la procédure *in judicio*. De tels procès pourraient, par suite, rester inachevés durant un laps de temps illimité, sans que les plaideurs aient aucun terme fatal à redouter. Cette doctrine ingénieuse, attribuée par M. Wlassak (1) à M. Eisele, a été abandonnée par son auteur lui-même. Cela paraît, du moins, ressortir de la doctrine que celui-ci soutient relativement à la consommation de l'action dans les *judicia legitima*. Il admet, en effet, dans leur domaine, la péremption de l'instance *in jure* (2) péremption qui deviendrait impossible s'il admettait encore le système qui vient d'être exposé. Au surplus, elle repose sur une interprétation erronée, croyons-nous, du sens du mot *judicium*; celui-ci, dans la pensée de Gaïus, se rapporte sans doute à la durée tout entière

(1) *Loc. cit.*

(2) Cela résulte de ce que dit M. Eisele, relativement à la consommation du droit dans le *judicium legitimum*. — Cf. *Abhandlungen*, p. 64.

du procès dont il embrasse les deux phases, et non pas seulement à la procédure accomplie devant le *judex*.

Quant à nous, nous serions tenté d'admettre la doctrine de M. Wlassak, puisque nous pensons avec lui que le *judicium legitimum* embrasse la totalité du procès (1) et ce, malgré le préjudice qu'elle cause aux plaideurs, car, en faisant courir les dix-huit mois de la première audience tenue par le magistrat, elle diminue le délai des *leges Juliæ* de tout l'intervalle qui sépare cet instant de la *Litis Contestatio*, c'est-à-dire de toute la première phase de la procédure. Cette théorie, à première vue, semble cependant rigoureuse et nous la soutiendrions à ce titre, si elle n'entraînait avec elle telles conséquences inacceptables, sur lesquelles nous nous réservons de revenir plus loin, qui nous paraissent la condamner.

D'ailleurs Gaïus, en terminant ses explications, abandonne le mot *judicium* et le remplace par *lis* et *hoc est.... litem... mori*. De telle sorte qu'il semble ressortir de ses paroles que la prescription extinctive dont il s'agit ici est non moins celle de la procédure seule, c'est-à-dire la péremption de l'instance, que celle du droit déduit en justice, d'où il suit que cette prescription entraîne l'annulation, non seulement des formes extérieures qui enveloppaient le droit litigieux, mais encore de ce droit litigieux lui-même, c'est-à-dire du fond du procès. Étant donné que le point litigieux, dégagé de toutes les

(1) Cf. Wlassak. *Römische Processgesetze* t., II, § 22, p. 78.

circonstances accessoires de la cause, est définitivement précisé au moment seul où, en délivrant la formule, le préteur termine la première phase de la procédure, nous croyons devoir admettre, suivant en cela l'opinion la plus généralement répandue, que la fin de la procédure *in jure* marque le premier instant du délai de dix-huit mois, à l'expiration duquel le droit litigieux est éteint, *lis moritur*.

B. — Du *Judicium imperio continens*.

La distinction des *judicia*, comme nous l'avons vu, est contemporaine du système formulaire, est-ce à dire pour cela que le *judicium imperio continens* s'introduisit à Rome de toutes pièces et pour la première fois avec la loi *Æbutia* et les *leges Juliæ*, nous ne le pensons point.

a) *Origine du* Judicium imperio continens. — La formule, suivant toute apparence et quelle qu'en soit d'ailleurs l'origine, était déjà connue au temps des *Actiones Legis* ; vraisemblablement, le préteur pérégrin avait recours à elle dans les procès agités devant lui ; se trouvant dans l'impossibilité de vider, suivant les procédures légales, les différends des plaideurs se présentant à son prétoire, force lui était de recourir à des procédés spéciaux, non prévus par le *jus civile*, (1) mais qu'après

(1) Cf. Wlassak. *Romische Processgesetze*, t., I, § 5, n. 9, p. 53. La

avoir rencontrés ailleurs, il adaptait à son usage. La procédure qu'il organisait ainsi, à la différence de la *Legis Actio* accomplie par les citoyens romains devant le préteur urbain, ne pouvait tirer sa valeur de la loi, ni avoir une autorité supérieure à celle du magistrat qui l'avait créée. Prenant, en effet, sa source dans la seule autorité du préteur, trouvant là seulement sa raison d'être, cette procédure ne pouvait naître, ni se soutenir sans elle et suivait tout naturellement dans sa chute, en tombant avec lui, le pouvoir dont elle était émanée.

Tel nous apparaît le *judicium imperio continens*, non comme une innovation introduite pour la première fois en procédure au temps de la loi *Æbutia*, mais comme une forme préexistante qui persiste dans le nouveau système et vient se juxtaposer à la procédure légale proprement dite, représentée par le *judicium legitimum* dont, à vrai dire, ne possédant pas les mêmes vertus intrinsèques, elle sera incapable d'avoir la longévité et de produire les mêmes fruits.

b) *Caractère et valeur propre du* Judicium imperio continens. — Gaïus, dans son exposé, ne s'attarde pas à rechercher les bases sur lesquelles reposent les *judicia* (1) ; il indique brièvement les caractères extérieurs à la vue desquels le lecteur classera immédiatement

distinction de deux procédures (*Processrecht*), nous ne disons pas simplement de deux sortes d'action civile et prétorienne, nous paraît juste.

(1) Cf. *supra*, pp. 92-93.

un *judicium* donné. Suivant ses explications, sera *imperio continens* toute procédure qui ne remplira pas les conditions exigées du *judicium legitimum*, relatives au lieu des débats et aux personnes des parties et du juge. Tel sera, en conséquence, tout procès agité en dehors de Rome et au-delà de la limite prescrite, tout autre encore où figure un pérégrin en qualité de partie ou de juge, enfin, celui dont la sentence ne sera pas rendue par un *judex unus*.

Ainsi, en définitive, la plus grande partie des procès, tranchés suivant les principes du droit romain, devait être dépourvue du caractère de légitimité, car, même en admettant que les *judicia legitima* fussent les plus nombreux à Rome et dans sa banlieue, il faudrait encore, pour être exact, faire entrer en ligne de compte, toutes les instances organisées hors de ces limites, sauf, bien entendu, tous les procès agités par des pérégrins agissant entre eux suivant les règles de leur droit local.

Or, la première hypothèse n'est nullement évidente, étant donné le nombre déjà grand, vers la fin de la République, par suite de l'extension des rapports commerciaux, des transactions conclues avec des étrangers, transactions devenant, sans doute, comme partout ailleurs, une source féconde de procès, instruits suivant les formes du *judicium imperio continens*. Au surplus, revêtaient encore ces formes toutes les difficultés, sans exception, résolues par les récupérateurs. De la sorte, même en supposant remplie la condition exigée quant au lieu, une multitude de procès ne pouvaient,

8

néanmoins, engendrer un *judicium legitimum*. Si maintenant, nous venons à envisager le nombre immense des procès intentés, non plus seulement dans la capitale, mais sur toute l'étendue du territoire que Rome, à l'époque où nous nous plaçons, a soumis à sa loi, nous apercevons aussitôt que tous, sans en excepter un seul, donnent lieu à un *judicium imperio continens*. Par suite nous devons, ce nous semble, être fondés à croire, que, dans l'ensemble des procès, le *judicium imperio continens* forme la règle, le *judicium legitimum* l'exception.

Le *judicium imperio continens* ne prend pas sa racine dans la loi, par suite, il est impuissant à produire, *jure civili*, les effets attachés au *judicium legitimum*. Le but de nos recherches est précisément d'établir cette différence, tout spécialement en ce qui concerne la théorie de la consommation de l'action. Mais, avant d'aborder ce point, nous devons revenir sur une distinction relevée par les textes, qui marque bien l'importance tout-à-fait secondaire du *judicium imperio continens* comparée à celle du *judicium legitimum*. Nous avons vu déjà que, seul, ce dernier permet à l'*adjudicatio* de constituer un usufruit (1), c'est-à-dire, d'opérer un transfert de droit réel en attribuant au bénéficiaire la propriété civile *ex jure Quiritium*, ce dernier effet, l'*adjudicatio* prononcée dans un *judicium legitimum* le produit constamment, tant à

(1) Cf. *supra*, p. 96.

l'égard des *res mancipi* que des *res nec mancipi*. Au contraire, prononcée par le *judex*, au cours d'une procédure dépourvue du caractère de légitimité, c'est-à-dire dans un *judicium imperio continens*, elle ne peut transférer la propriété civile à l'adjudicataire. Celui-ci, malgré l'*adjudicatio* prononcée en sa faveur, n'est pas rendu propriétaire *jure civili* ; il se trouve donc purement et simplement mis *in causâ usucapiendi*. Cela est si vrai que, actionné en revendication de la *res adjudicata*, il doit recourir à une exception pour se défendre, ce qui serait absolument inutile si, par le fait de l'adjudication, il avait été rendu civilement propriétaire. En outre, s'il a perdu la possession avant le délai de l'usucapion écoulé, le préteur lui donne une action, qui ne peut être que la publicienne, action dont il n'aurait pas eu besoin au cas où, devenu adjudicataire au cours d'un *judicium legitimum* et, par suite, propriétaire *jure civili*, il aurait pu directement revendiquer. Par ces diverses conséquences du *judicium imperio continens* peut s'interpréter ce texte de Paul (L. 44, § 1. D. X. 2).... *adjudicationes prætor tuetur exceptiones aut actiones dando* (1).

(1) Cprz Keller. *L. C., und Urth.*, § 12, n. 6 *in fine*. — Nous avons supposé le bénéficiaire d'une *adjudicatio* prononcée au cours d'un *judicium imperio continens* nanti, lors de l'*adjudicatio* prononcée en sa faveur ; mais il serait intéressant d'analyser la situation où il se trouve au cas contraire, et de rechercher alors quelle voie lui est ouverte pour se mettre en possession de la *res adjudicata*. Il n'a, assurément pas la revendication, puisqu'il n'est pas devenu propriétaire *jure civili* ; il n'a pas davantage le publicienne puisque, pour

c). *Durée du* Judicium imperio continens. — Une conséquence encore de la fragilité du *judicium imperio continens* est sa brièveté même; tandis qu'en principe, comme nous l'avons vu, aucun laps de temps ne peut détruire, ni même affaiblir la valeur d'une procédure régulièrement organisée et revêtue du caractère de légitimité, telle que le *judicium legitimum*, au contraire l'existence de tout autre procédure organisée en dehors de ses règles a toujours été essentiellement éphémère et aléatoire, si bien que le *judicium imperio continens* ne peut durer plus longtemps que ne dureront elles-mêmes les fonctions du magistrat devant lequel il a pris naissance.

Le *judicium imperio continens* n'a donc pas une durée fixe, uniforme dans tous les cas; seul le maximum de celle-ci est connu; ce maximum est égal à la durée d'une magistrature ; comme à Rome, les magistratures en principe sont annuelles, il en résulte que la plus longue durée d'un *judicium imperio continens* sera d'une année. Ainsi les plaideurs devront prendre les mesures nécessaires, au moment d'introduire l'instance, afin d'éviter le plus possible tous les retards et de terminer rapidement le procès une

cela, il devrait avoir possédé au moins un instant (L. 12 § 7, D. VI, 2). La question est assurément très embarrassante. M. Appleton, argumentant du fragment cité au texte (L. 44, § 1 D. X, 2), semble, dans une situation analogue, accorder à l'adjudicataire, à la place de la revendication « les actions particulières et probablement fictices que le préteur donne en pareil cas ». Appleton. *Histoire de la propriété prétorienne*. Paris, 1889, t. 1, p. 246, nº 132.

fois engagé, avant que, par suite de la fin des pouvoirs du magistrat, ils ne se trouvent désormais dans l'impossibilité de continuer leur affaire et d'entendre le prononcé de la sentence. Or, malgré tous leurs efforts, malgré leur diligence, tel événement fortuit, la mort du magistrat, par exemple, peut se produire qui ne leur permettra pas d'atteindre ce but. Que le préteur vienne à perdre, avant le terme prévu, le caractère public dont il est revêtu, du même coup, périront soudain toutes les procédures non légitimes qu'il a organisées.

Uue grave incertitude pèse ainsi sur la durée du *judicium imperio continens*; le plaideur le plus diligent peut être surpris à l'improviste et voir arriver subitement ce *judicium* à sa fin, sans qu'il ait à se reprocher la plus légère faute, ni la moindre négligence, sans qu'il ait eu, d'autre part, en son pouvoir aucun moyen de se garantir à l'avance contre la fin prématurée de l'instance dans laquelle il est engagé, ou d'y remédier lorsqu'elle est venue à se produire; il se trouve complètement abandonné au hasard, sans armes pour prévenir ou conjurer cet événement fatal sans cesse à redouter pour lui.

Cette incertitude nous paraît être le point principal qui caractérise la durée du *judicium imperio continens*, l'on ne peut dire de celui-ci qu'il s'éteint en un an, tandis que le *judicium legitimum*, en vertu des *leges Juliæ*, s'éteint en dix-huit mois, de telle sorte que le second a une longévité de six mois supérieure à celle du premier. En effet, comme le fait très justement observer M. Eisele (1), autre chose est d'assigner à une procédure un terme fixé d'avance, à une année et demie, par exemple, autre chose est de dire qu'elle arrivera à son terme en même temps que les fonctions du préteur qui l'a organisée ; cela pour les deux raisons suivantes, à savoir, la première, que le *dies ad quem* peut être rigoureusement déterminé d'avance dans le calcul des dix-huit mois des *leges Juliæ*, tandis que le jour qui marquera la fin des fonctions du magistrat est forcément impossible à connaître d'une manière certaine, attendu que si la durée maxima d'une magistrature est connue, sa fin prématurée, toujours possible d'ailleurs, dépend de causes absolument incertaines; la seconde, que la durée de dix-huit mois court à partir d'un point même du procès, tandis que les fonctions du magistrat s'exercent pendant une période qui se compte à dater de l'entrée en charge de celui-ci, instant qui se place, par conséquent à une époque antérieure au début de l'instance dont on voudrait connaître la durée.

Ceci nous conduit à examiner, d'après l'ordre suivi au sujet du *judicium legitimum*, à quel instant il faut se placer pour apprécier la durée d'un *judicium imperio continens*. Ici il n'est point question de chercher le point de départ du délai à un moment quelconque de la procédure, comme nous avons essayé de la faire précédemment; la période utile pendant laquelle les parties pourront obtenir une sentence court, non pas à dater

(1) *Abhandlungen*, p. 39.

de la demande, de la *Litis Contestatio*, ou de la première audience donnée par le *judex*, elle court à dater de l'entrée en fonctions du magistrat devant lequel le demandeur introduit l'instance; elle a donc pu déjà courir, peut-être, même avant la naissance du différend qu'il s'agit de vider. Suivant le moment choisi par le plaideur, celui-ci aura devant lui plus ou moins de temps pour obtenir une sentence et aura plus ou moins de chances d'arriver à ses fins. L'instance pourra durer trois mois, six mois, un an même au plus, suivant que le plaideur aura introduit sa demande le neuvième, le sixième ou le premier mois à dater de l'entrée en charge du préteur et ces trois, six, douze mois, s'entendent ici de la durée totale du procès tout entier, de ses deux phases, soit *in jure*, soit *in judicio*.

On s'explique, dès lors, facilement pourquoi les textes font mention d'une grande affluence de plaideurs se pressant au début de l'année devant le magistrat nouvellement installé pour lui demander la délivrance d'une formule et la nomination d'un juge (1). C'est ainsi que Juvénal nous entretient de l'année attendue par tous les plaideurs pour commencer leur procès :

Juvénal : *Satire* XVI, vers 42 :

> *Exspectandus erit qui lites inchoat annus*
> *Totius populi*... (2)

(1) Cf. KELLER. *Litis Contestatio und Urtheil*, § 15, pp. 135 et ss.

(2) Il n'est pas sans intérêt, pour nous, de considérer que l'instance une fois organisée se heurte à mille obstacles et à mille retards. Ecoutons plutôt le satirique latin s'élever avec force contre les lenteurs

En effet, le plaideur avait avantage à ne pas agir immédiatement, à attendre, au contraire, la fin imminente des fonctions du magistrat actuellement en charge et la nomination de son successeur. En agissant ainsi, après avoir pris en temps utile toutes les mesures nécessaires, il se trouvait à même d'introduire sa demande dès les premiers jours de la nouvelle magistrature ; il avait alors devant lui une année tout entière pour conduire la procédure à sa fin et obtenir une sentence du *judex*. Encore fallait-il supposer, pour qu'il pût atteindre son but, qu'aucun événement fortuit ne vînt à se produire qui, dès le début de l'année, au lendemain peut-être de la délivrance de la formule et de la nomination du juge, dès la *Litis Contestatio* accomplie, mît un terme au procès agité. Cette fin prématurée de l'instance rendait désormais impossible sa fin normale. Le demandeur se trouvait dans l'impossibilité d'obtenir gain de cause, puisqu'aucune sentence ne pouvait être rendue. Evénement funeste pour lui, si l'on admettait surtout que la *Litis Contestatio* eût pu éteindre son droit d'action.

abusives de la Justice et féliciter les militaires de s'en trouver affranchis :

> *Exspectandus erit qui lites inchoat annus,*
> *Totius populi : sed tunc quoque mille ferenda*
> *Tædia, mille moræ : toties subsellia tantum*
> *Sternuntur, jam Cœditio ponente lacernas*
> *Disgredimur, lentaque fori pugnamus arena.*
> *Ast illis, quos arma tegunt et balteus ambit,*
> *Quod placitum est, ipsis præstatur tempus agendi,*
> *Nec res atteritur longo sufflamine litis.*

Cf. D. Junii Juvenalis *satiræ*. Turonibus, 1687, p. 249.

Dans cette hypothèse il aurait dû en effet renoncer à poursuivre la réalisation de son droit.

§ IV. — Modes d'extinction.

Avant de rechercher dans quelle mesure la théorie de la consommation de l'action atteint le *judicium imperio continens*, le moment est venu d'examiner ce qu'est cette consommation elle-même et ses deux modes, en d'autres termes d'étudier et de distinguer l'une de l'autre l'extinction qui s'opère *ipso jure* de celle qui, sans atteindre le fond du droit, est rendue efficace seulement *ope exceptionis*. Gaïus nous indique ces deux sortes d'extinctions dans ses *Commentaires* (1), mais il ne nous explique pas en quoi l'extinction *ipso jure* diffère de celle qui s'opère *per exceptionem*, nous devons faire appel aux principes pour examiner quel est le sens de ces termes : *ipso jure agi non potest* et : *ipso jure agi potest et ideo necessaria est exceptio*. Deux cas distincts sont ici prévus : dans le premier,

(1) Gaius (IV, § 106) : *Et si quidem imperio continenti judicio actum fuerit, sive in rem, sive in personam, sive ea formula quæ in factum concepta est, sive ea quæ in jus habet intentionem, postea nihilominus ipso jure de eadem re agi potest et ideo necessaria est exceptio rei judicatæ vel in judicium deductæ.* — § 107 : *At vero si legitimo judicio in personam actum sit ea formula quæ juris civilis habet intentionem, postea ipso jure de eadem re agi non potest, et ob id exceptio supervacua est. Si vero vel in rem, vel in factum actum fuerit ipso jure nihilominus postea agi potest et ob id exceptio necessaria est rei judicatæ vel in judicium deductæ.*

le demandeur ne peut agir à nouveau, son droit est éteint *ipso jure* ; dans le second le demandeur peut, au contraire, agir encore, car son droit n'est pas éteint *ipso jure*, mais il pourra se voir repoussé par une exception. Nous étudierons successivement ces deux situations dans lesquelles peut se trouver le plaideur.

A. — Extinction *ipso jure*.

Nous avons déjà eu l'occasion de dire quelques mots au sujet de la consommation *ipso jure* du droit au temps des *Actiones Legis*, nous avons vu que telle était la seule consommation alors connue par cette procédure sous laquelle aucune exception, ni aucun autre mode analogue n'était usité par le défendeur pour repousser la demande dirigée contre lui (1). Il nous reste à examiner ici quelle était la procédure suivie au cas où les circonstances étaient telles que le droit d'action fût éteint *ipso jure*. Certaines conditions, indiquées par Gaïus sur lesquelles nous insisterons plus loin, sont exigées pour que cette extinction arrive à se produire ; supposons pour un instant qu'elles viennent simultanément à se réaliser et étudions alors quelle va être, en conséquence, la marche de la procédure.

Le défendeur, en pareil cas, contredira directement l'*intentio* du demandeur, car la prétention de ce der-

(1) Cf. *supra*, p. 34.

nier n'a absolument plus raison d'être, en sorte qu'il ne lui reste désormais aucun droit d'action et que celle-ci est nulle (1).

Deux situations différentes sont à examiner, suivant que le préteur connaît, ou non, l'extinction dont est frappé le droit allégué devant lui.

La première se présente quand le magistrat, soit que le défendeur le lui ait expressément indiqué, soit qu'il l'ait appris de tout autre façon, est averti du vice dont est entachée la demande introduite devant lui ; en pareille occurrence le droit d'agir n'existant plus, il refusera purement et simplement la délivrance de la formule (2).

Dans la seconde, au contraire, le défendeur garde le silence, le magistrat, de son côté, ignore que le droit d'action est éteint *ipso jure* et délivre purement et simplement la formule. Ici l'instance est engagée et les parties comparaissent devant le *judex* ; il suffira alors au défendeur pour être renvoyé absous, d'établir que l'action intentée contre lui par son adversaire est éteinte de plein droit. En effet, quand le droit du demandeur est éteint *ipso jure*, cette extinction influe directement sur l'*intentio* de la formule et celle-ci cesse d'être exacte ; si le préteur, dans l'ignorance de l'extinction qui s'est produite, a néanmoins délivré la formule, le *judex* trouvera, dans les mots *si paret... condemna... si non pa-*

(1) Cprz. Bethmann-Hollweg. *Op. cit.*, t. II, § 99, p. 385.
(2) Cf. Puchta, *Op. cit.*, t. II, § 163, *in fine*, p. 103.

ret... absolve, les pouvoirs suffisants pour absoudre le défendeur (1). Le défendeur en effet est admis à faire la preuve de l'extinction *ipso jure*, même en l'absence de toute indication donnée à ce sujet dans la formule par le magistrat au juge, c'est-à-dire sans qu'il ait dû faire inscrire *in jure* aucune exception (2) avant de comparaître *in judicio*, peu importe qu'il ait négligé de le faire par oubli, ou parce que, ignorant à l'époque du *jus* la consommation du droit de son adversaire, il l'ait seulement apprise par la suite au cours du procès.

Dire qu'une action est éteinte *ipso jure* ou de plein droit c'est donc dire que cette action est absolument éteinte et consommée, c'est affirmer en d'autres termes son inexistence. Le fondement juridique de l'*intentio* n'existe plus. Il y a pensons-nous entre un droit éteint *ipso jure* et un droit susceptible d'être combattu *per exceptionem* une différence analogue à celle qui, dans un autre ordre d'idées, sépare l'acte juridique inexistant ou nul de plein droit (3) de l'acte juridique annulable, l'inexistence du premier peut être opposée

(1) Cf. Puchta. *Op. cit.*, t. II, § 170, p. 160, texte et n. *b*.

(2) Tel est bien le résultat entraîné par l'extinction *ipso jure*, par opposition à celle qui se produit *per exceptionem*. Ce contraste est relevé très exactement par Lenel (*Ueber Ursprung und Wirkung der Exceptionen*, Heidelberg, 1876, ch. II, § 10, p. 98). L'auteur s'exprime ainsi : « *Ipso jure... ist daher zu uebersetzen : ohne dass es der Ertei-lung einer Exceptio bedarf* ».

(3) Nous avons un exemple de cette nullité *ipso jure* ou de plein droit dans notre art. 686, Cod. Proc. civ. Cf. MM. Aubry et Rau. *Cours de droit civil français*, 4e éd., Paris 1869, t. I, § 37, n. 15, page 124.

en tout état de cause, aucun effet ne pouvant, en aucun cas, être produit par le néant, la nullité du second, au contraire, devra être invoquée sous certaines conditions, par certaines personnes et sera d'ailleurs susceptible d'être couverte.

Tel est, précisément, le cas d'un droit d'action qui n'a pas été consommé *ipso jure*, partant, qui subsiste encore, qui permet, en conséquence, à qui le possède d'introduire une nouvelle demande et d'obtenir du préteur une nouvelle formule *de eadem re*. Ici, le défendeur ne peut s'opposer à la délivrance de cette formule, il ne sera pas de plein droit admis plus tard devant le *judex* à alléguer le vice dont est entachée la demande dirigée contre lui, il doit, auparavant, dans ce but, indiquer *in jure* que telle est son intention et demander, en conséquence, au magistrat de donner à cet égard dans la formule sous la forme d'une exception, une instruction spéciale au *judex*. Ce dernier reçoit ainsi les pouvoirs nécessaires pour examiner si le droit du demandeur, dont l'existence est certaine, n'a pas, néanmoins, été déjà l'objet d'une précédente action relative à la même affaire, pour déclarer, en outre, si ce fait est vérifié, que le défendeur est fondé à repousser les prétentions réitérées de son adversaire, enfin pour l'absoudre en conséquence.

En résumé, de deux choses l'une : ou bien l'action actuellement agitée a déjà été l'objet d'un *judicium legitimum* et se trouve éteinte *ipso jure*, ou bien cette extinction *ipso jure* n'a pu se produire pour une cause ou pour une autre. Le droit d'action originel subsiste encore, mais il est alors susceptible d'être combattu *per exceptionem*.

Dans le premier cas, il y a *extinctio ipso jure*, le droit d'agir est éteint en soi, d'une façon intrinsèque, le préteur pourra refuser la formule par voie de *denegatio actionis*.

Dans le second cas il y a *extinctio exceptionis ope*, le préteur délivrera la formule au demandeur en y insérant une *exceptio* au profit et sur la demande du défendeur.

Ainsi, d'un côté, la *denegatio actionis* correspond au cas d'*extinctio ipso jure*, de l'autre la délivrance de la formule, sous la restriction d'une *exceptio*, correspond au cas d'*extinctio exceptionis ope*.

Keller déclare cette doctrine erronée (1). Cela tient à ce qu'il assimile l'*exceptio* à la *denegatio actionis* (2). Selon lui, toutes choses égales d'ailleurs, le défendeur bénéficiera tantôt de l'une, tantôt de l'autre. La seule différence qui sépare la *denegatio actionis* de l'*exceptio* consiste alors en ce que la première a lieu *in jure* et émane du préteur lui-même au cas où celui-ci s'est rendu compte immédiatement du bien fondé des dires du défendeur, tandis que la seconde nécessite un examen ultérieur du *judex* et est discutée hors de la

(1) Cf. KELLER, *Die römische Civilprocess*, p. 140, note 390.

(2) Cf. KELLER, *Die römische Civilprocess*, § 26 : *Der Exceptio geht die Denegatio Actionis parallel*. pp. 140-141.

présence du magistrat, durant la seconde phase de la procédure.

On ne saurait, croyons-nous, placer ainsi dans de simples considérations de fait la ligne de démarcation qui sépare l'extinction *ipso jure*, négation directe de l'*intentio* qui conduit à la *denegatio actionis* d'une part et,d'autre part, l'extinction qui se produit *ope exceptionis*. Nous avons vu ce qu'était la première,il nous reste à examiner la seconde pour bien comprendre que leur distinction repose, en réalité, sur des considérations de principes intéressant le fond même du droit.

B. — Extinction ***exceptionis ope.***

L'exception est une innovation du préteur (1). Inconnue de la procédure des *Legis Actiones*, même *per sponsionem* (2), elle apparaît seulement avec la procédure formulaire. Elle n'est pas une contradiction dirigée directement par le défendeur contre l'*intentio*, c'est-à-dire contre la prétention du demandeur, mais elle se montre à nous sous la forme conditionnelle d'un avertissement donné au *judex*, lui enjoignant de véri-

(1) Nous ne pensons pas qu'il y ait eu d'exceptions civiles, à notre avis, toutes sont honoraires. En ce sens, M. Girard. *Manuel*, p. 1000, texte et note 5. En sens contraire, Accarias, *Op. cit.*, t. II. n° 893. p. 1067.

(2) La procédure *per sponsionem* existe vraisemblablement au temps des Actions de la Loi. En ce sens Girard, *Manuel*, p. 967. — Accarias, *op. cit.*, t. II, n° 803, p. 814, note 2.

fier si telle circonstance est venue à se produire qui, tout en laissant subsister l'exactitude de l'*intentio,* lui permettra d'absoudre le défendeur. L'exception ne se confond donc pas avec un moyen direct de défense et ne s'en distingue pas en ce qu'elle est produite toujours et seulement devant le *judex.* L'exception est un moyen détourné tendant à écarter la prétention du demandeur. En réalité, son origine se place dans la lutte engagée par le préteur contre les rigueurs de l'ancien droit civil. Elle permet au défendeur de repousser indirectement une demande régulièrement formée *jure civili* pour l'écarter en définitive sans en avoir nié toutefois le principe et même en le laissant subsister intact (1).

Mais, par cela même que l'*exceptio* ne contredit pas l'*intentio* et consiste simplement dans l'indication donnée au *judex* de certaines circonstances qui lui permettront d'absoudre le défendeur, ces circonstances doivent être déterminées d'avance par le préteur ; celui-ci doit les indiquer spécialement au juge (2), afin de lui donner le pouvoir d'absoudre qu'il ne saurait, sans cela, trouver, *stricto jure*, dans les circonstances de la cause. Ce pouvoir d'absoudre, le juge le tient du magistrat qui a délivré la formule, c'est pourquoi le défendeur devra, avant la fin de la première phase de la procédure, demander *in jure* l'insertion, dans la formule, de

(1) En ce sens Lenel. *Ueber Ursprung und Wirkung der Exceptionen*, ch. II, § 5, p. 46.

(2) Cprz. Bekker. *Die Processualische Consumptio*, § 22, p. 276.

telle exception qu'il croira pouvoir obtenir. Faute par lui d'agir ainsi en temps utile, il ne pourra plus désormais se retrancher devant le *judex,* derrière une exception, s'il n'obtient à nouveau, dans ce but, une nouvelle formule qui ne pourra lui être accordée seulement qu'en vertu d'une *restitutio in integrum* ordonnée en sa faveur. En dehors de cette hypothèse malgré l'existence de faits ou de circonstances qui lui eussent permis d'obtenir du préteur l'insertion dans la formule de telle exception susceptible d'entraîner son absolution, il s'entendra condamner, s'il n'a pris, avant la *Litis Contestatio*, c'est-à-dire avant la clôture de la première phase du procès, les mesures nécessaires pour obtenir du préteur l'exception dont il entend se servir devant le juge pour être renvoyé absous.

N'étant pas destinée à nier le droit du demandeur, mais seulement à en paralyser l'efficacité, l'*exceptio* trouvera sa place dans la formule, non avant l'*intentio*, mais bien avant la *condemnatio* dont elle a pour but de modifier l'effet (1).

Ainsi, l'extinction du droit, *exceptionis ope*, est une extinction restreinte, qui ne touche pas, en réalité, au fond même du droit, puisque, parfois, elle pourra n'entraîner, en fait, aucune conséquence dans le cas où le défendeur, soit ignorance de sa part, soit négligence ou tout autre motif, n'aura pas fait insérer *in jure* dans la formule l'exception dont il a besoin pour se soustraire,

(1) Cf. Bethmann-Hollweg. *Op. cit.*, t. II, § 99, p. 399.

in judicio, aux poursuites de son adversaire. En sorte que, malgré cette extinction, le vice dont était affecté le droit du demandeur est effacé ou, du moins, tenu pour non avenu dans le silence du défendeur, il ne porte ainsi, en définitive, aucun préjudice au succès final de la demande.

Tout autre s'est montrée à nous l'extinction *ipso jure* qui affecte le fond même du droit et l'anéantit de telle manière que celui-ci ne saurait plus servir de base à aucune poursuite et serait pleinement incapable, en conséquence, d'engendrer aucune action.

§ V. — La consommation du droit d'action procède de principes différents dans les deux sortes de *Judicia*.

La consommation du droit ne procède pas des mêmes principes dans les deux sortes de *judicia* que nous avons examinées : *judicia legitima* et *judicia imperio continentia*. Une différence subsiste encore, à ce point de vue, à l'époque où Gaïus écrit ses *Commentaires* ; mais avant d'arriver à étudier comment se produit l'extinction du droit d'action au temps de ce jurisconsulte, c'est-à-dire au IIe siècle de notre ère, nous croyons utile de rechercher quelles ont été les règles de cette extinction, dans les deux sortes de *judicia*, durant toute la période qui s'étend depuis l'origine de leur distinction jusqu'à Gaïus, ou, du moins, comme nous le verrons, jusqu'aux *leges Juliæ judiciariæ* dont il nous analyse le système.

Pour plus de clarté nous étudierons successivement les règles de la consommation du droit dans le *judicium legitimum*, puis dans le *judicium imperio continens*.

A. — Extinction dans le *Judicium legitimum*.

Le *judicium legitimum* est, comme nous l'avons vu, et, pour employer les expressions de Bethmann-Hollweg, la procédure régulièrement organisée suivant les règles de l'ancien droit civil (1) ; ce sera aussi dans son domaine seulement que nous rencontrerons la seule consommation connue de l'ancienne procédure (2), c'est-à-dire la consommation rattachée à la règle *bis de eadem re ne sit actio*, avec cette seule différence qu'au lieu de se produire toujours de plein droit, comme dans le système des *Legis Actiones*, celle-ci sera réalisée, tantôt *ipso jure*, tantôt *ope exceptionis*.

Nous sommes ainsi amené à examiner dans quelles conditions aura lieu l'extinction *ipso jure* ; celles-ci se trouvant simultanément réalisées, le droit d'action originel sera consommé de plein droit et une nouvelle demande ne pourra plus être introduite, *postea ipso jure de eadem re agi non potest...* (3) ; que l'une d'elles, au

(1) Cf. *supra*, p. 103 n. 3.

(2) Gaius (IV, 108) : *Alia causa fuit olim Legis Actionum, nam qua de re semel actum erat, de ea postea ipso jure agi non poterat, nec omnino ita ut nunc usus erat illis temporibus exceptionum.*

(3) Gaius, IV, 107.

contraire, fasse défaut, nous tomberons dans la seconde hypothèse, l'extinction, au lieu d'être réalisée de plein droit, ne sera plus susceptible d'être rendue efficace que *per exceptionem.*

Gaïus nous indique deux conditions nécessaires pour entraîner l'extinction *ipso jure* dans un *judicium legitimum* : la première relative à l'action qui devra être *in personam*, la seconde touchant l'*intentio* qui devra être *concepta in jus.*

Gaïus (IV, 107) : *At vero si legitimo judicio in personam actum sit ea formula quæ juris civilis habet intentionem, postea ipso jure de eadem re agi non potest, et ob id exceptio supervacua est....*

Par suite, si nous rapprochons de ces conditions celles qui doivent se trouver déjà réunies pour que le *judicium* lui-même soit *legitimum*, nous trouvons, en définitive, que l'extinction *ipso jure* demande pour se produire la réalisation simultanée des circonstances suivantes : un procès engagé à Rome même ou dans un rayon d'un mille au-delà, entre plaideurs, tous citoyens romains, que ce procès consiste en une action personnelle dont la formule sera rédigée *in jus* par le préteur et dont la sentence sera prononcée par un *judex unus.* Soit en tout cinq conditions absolument indispensables, dont l'une seule venant à manquer suffit à empêcher l'extinction *ipso jure* de se produire.

Ainsi, qu'un procès s'engage au-delà de la limite prescrite, qu'un des plaideurs ne soit point citoyen romain, que le litige donne lieu à une action réelle ou encore que la formule soit rédigée *in factum* ou bien que la sentence doive être rendue par les récupérateurs, autant de causes qui permettront au demandeur d'agir de nouveau et entraîneront pour le défendeur l'obligation de recourir à une exception ; celle-ci devait être sans doute l'instrument le plus ordinaire par lequel était rendue valable l'extinction du droit originel, base de l'action intentée.

Nous sommes donc autorisés, nous semble-t-il, à croire que l'extinction *ipso jure* se présente rarement, telle est peut-être la raison pour laquelle les textes sont si peu explicites à son égard, ce qui rend la théorie de cette consommation encore obscure.

Quoi qu'il en soit, nous devons examiner les deux cas dans lesquels le demandeur doit recourir à une exception pour repousser son adversaire et essayer d'expliquer la raison pour laquelle, dans ces deux cas, la consommation *ipso jure* n'a point lieu. Ces deux cas sont : celui où il s'agit d'une *actio in rem* et celui où la formule est *in factum concepta*.

Gaïus (IV, 107) : *Si vero vel in rem, vel in factum actum fuerit, ipso jure nihilominus postea agi potest, et ob id exceptio necessaria est....*

Il est très malaisé, pensons-nous, d'expliquer clairement la cause de la différence qui, au témoignage de Gaïus, existe dans la procédure formulaire au point de vue de la théorie de la consommation entre l'action personnelle et l'action réelle. Pourquoi, toutes choses égales d'ailleurs, le droit du demandeur se trouve-t-il éteint *ipso jure* au cas d'une *actio in personam* et subsiste-t-il au contraire, s'il s'agit en l'espèce d'une *actio in rem*, de telle sorte que le défendeur devra recourir à une exception pour être absous ? Rechercher la cause de cette différence dans la distinction elle-même des droits personnel et réel et vouloir dire que l'extinction, possible en ce qui concerne le premier où le droit allégué se restreint aux parties en cause, est, à l'inverse, impossible à comprendre dans le second qui s'exerce, au contraire, *erga omnes*, serait, nous semble-t-il, nous engager dans une fausse route. En effet, au point de vue des principes, l'extinction *ipso jure* peut tout aussi bien se réaliser dans une *actio in rem*, que dans une *actio in personam*, il en était d'ailleurs ainsi au temps des *Actiones Legis* (1), comme nous l'avons déjà fait observer plus haut (2) ; l'ancienne procédure assimilait sous ce rapport les actions réelle et personnelle : dans l'une et dans l'autre la consommation se produisait de plein droit. Or la nouvelle procédure déroge sur ce point, et sur ce point seulement, à la règle précédemment établie. Sur ce point seulement, disons-nous, car, en réalité la restriction relative à un *judicium imperio continens*, sur laquelle nous nous sommes expliqué (3) et celle touchant les actions dont la formule est *in factum concepta* sont, non des modifications apportées aux principes antérieurs, mais des innovations contem-

(1) Gaius, IV, 108.
(2) Cf. *supra*, pp. 38-39.
(3) Cf. *supra*, p. 114.

poraines du nouveau système, puisque, avant la loi *Æbutia*, la formule n'était pas usitée par le préteur urbain, ni la distinction des *judicia* encore connue. Il faut donc chercher à trouver, non dans des considérations de principe, mais bien dans des considérations de forme seulement, la raison de la différence signalée.

En effet, tel est bien le problème qui se pose : un système de procédure a changé de forme, les principes sont demeurés les mêmes, cela étant, le droit d'action, éteint *ipso jure* dans l'ancien système, est éteint *ope exceptionis* seulement dans le nouveau ; d'où provient cette différence ?

Rationnellement la cause de la modification ne saurait être ailleurs que dans le seul point qui ait été modifié, à savoir la forme elle-même du système.

Or, en quoi diffère, dans les deux systèmes, la forme de l'action réelle ?

Dans le système des Actions de la Loi, la question qui se pose, d'où dépendra la sentence du *judex*, est de déterminer si la *vindicatio* du demandeur est *justa* ou *non jure facta* ; dans ces conditions, deux hypothèses distinctes sont à envisager, ou bien le demandeur agit pour la première fois, ou bien au contraire, l'action qu'il intente a déjà été introduite précédemment par lui.

Dans le premier cas, en supposant prouvé le bien-fondé de sa demande, rien ne s'oppose à ce qu'il obtienne du *judex* une sentence favorable, si, d'autre part il ne commet aucune erreur de procédure.

Dans le second cas, au contraire, abstraction faite du fond du droit, il a déjà prononcé une fois les paroles solennelles de la *Legis Actio*, il a procédé suivant les rites, *lege egit*. Or, nous savons que nul ne peut plus d'une fois *lege agere*, relativement à la même affaire : la règle : *bis de eadem re ne sit actio* s'oppose donc à la réitération de la demande, car la *vindicatio* se trouve *non jure facta* et, comme le dit Bekker, on peut très bien concevoir tout à la fois que les règles de la procédure s'opposent à la *vindicatio* du demandeur, bien que le droit de propriété de ce dernier ne soit pas éteint (1).

Dans le nouveau système de procédure, au contraire, il ne s'agit pas de savoir si la *vindicatio* elle-même est *justa* ou non, la question posée par le préteur dans l'*intentio* et sur laquelle aura à se prononcer le *judex*, porte directement sur le droit de propriété lui-même du demandeur, il s'agit de savoir si ce dernier est, ou non, propriétaire de la chose litigieuse : *Si paret rem Auli Agerii esse*. Or, une précédente action de *eadem re* pourra bien entraîner cette conséquence d'empêcher par voie d'exception la réitération du même procès, mais elle ne pourra avoir pour effet d'anéantir un droit perpétuel par essence, tel que le droit de propriété ou, plus généralement, tout droit réel servant de base à l'*actio in rem*.

Cette explication paraît plus rationnelle que celle donnée par Keller, adoptée d'ailleurs par un grand nom-

(1) Cf. Bekker, *Die Processualische Consumptio*, § 22, p. 282.

bre d'interprètes et reposant sur une idée de novation. On peut concevoir, dit le commentateur allemand, qu'un droit personnel puisse être nové de telle sorte que le droit originel venant à être anéanti, un droit nouveau se substitue à lui ; au contraire, « il va de soi qu'un droit réel ne peut être nové » (1). Cette théorie ne nous paraît nullement décisive, elle est immédiatement mise en échec par une objection bien simple, à savoir qu'au temps des *Legis Actiones*, l'extinction *ipso jure* se réalisait dans l'*actio in rem* et, cependant, s'il va de soi qu'un droit réel ne puisse être nové à l'époque où le système formulaire est en vigueur, on ne voit pas pourquoi il aurait pu en être autrement lorsque l'on procédait *per Legis Actionem* (2).

(1) Cf. Keller. — *Litis Contestatio und Urtheil*, § 12, p. 118.

(2) Au reste KELLER, frappé sans doute de l'objection de Bekker, a proposé, dans la seconde édition de son Traité de procédure, une autre explication. Partant de cette idée que le défendeur, nommé dans l'*intentio in personam* ne l'est pas dans l'*intentio in rem*, il en déduit que l'*intentio in personam* (*Aio te Seium centum mihi dare oportere*) ne peut plus être reproduite et a aussi cessé d'être vraie, tandis que ce résultat n'a pas lieu dans l'*intentio in rem* (*Aio eam rem ex j. Q. meam esse*), parce que celle-ci peut au moins être reproduite contre un autre adversaire et n'est pas devenue complètement fausse. Cette nouvelle explication, nous semble-t-il, ne va pas au fond des choses, elle est superficielle seulement ; en effet, en ce qui concerne l'*actio in rem*, il n'y aura pas *res in judicium deducta* et, par suite, aucune extinction, soit *ipso jure*, soit *exceptionis ope*, si le défendeur a changé et cela parce que la notion exacte de l'*eadem res* implique non seulement identité du droit litigieux, mais encore identité des parties en cause (Cf. KELLER. *Der Romische Civilprocess*, 2e édition, Leipzig, 1855, § 60, note 712, p. 247). Pour M. Accarias, admettre ici l'extinction du droit du demandeur, c'eût été admettre une aliénation en dehors des modes consacrés par la loi ; mais, alors, comment

La seconde exception relative à l'extinction *ipso jure* dans le *judicium legitimum* se présente lorsque la formule délivrée par le préteur est *in factum concepta*. En pareil cas, le demandeur peut donc à nouveau introduire une demande de *eadem re*, le droit d'action qu'il possède subsiste encore, *stricto jure*, bien qu'il ait déjà été une fois déduit en justice. Le défendeur court le risque de s'entendre condamner, s'il n'a soin de faire insérer dans la formule, tandis qu'il en est temps encore, c'est-à-dire *in jure,* une exception qui permettra au *judex* de le renvoyer absous.

La raison pour laquelle la consommation du droit d'action n'a pas lieu de plein droit dans l'*actio in factum* n'est, ce nous semble, ni aussi mystérieuse, ni aussi difficile à pénétrer que la cause en vertu de laquelle cette consommation est étrangère également à l'*actio in rem* du sytème formulaire. Ici, en effet, nous ne nous heurtons pas à une modification des prin-

ce résultat était-il possible sous le système des Actions de la Loi? Cette manière de voir conduit M. Accarias à supposer qu'au temps des *Actiones Legis,* la règle *bis de eadem re ne sit actio* n'avait pas une portée générale et, notamment, en matière de fidéjussion, que la poursuite intentée contre le débiteur principal ne libérait pas les cautions (Cf. *Op. cit.*, t. II, § 766, p. 729 et § 568, p. 197, note 3). Nous avons déjà signalé l'idée émise par M. Girard, d'après laquelle la consommation de l'action n'avait pas lieu en matière réelle sous le système des *Actiones Legis* (Cf. *supra*,p. 38). Rudorff, *Op. cit.*, t. II, § 81, p. 272, texte et note 9) se borne à dire que la propriété ne saurait s'éteindre par le fait des obligations et mentionne simplement la différence qui existe, au point de vue de l'*actio in rem*, entre le système des *Actiones Legis* et le système formulaire. Cf. également à ce sujet, M. Tardif.*Op. cit.*, pp. 159 et ss.

cipes antérieurs, comme dans le cas précédent; l'*actio in factum* n'est pas connue de l'ancien système des *Actiones Legis*. Elle était incompatible avec lui et ne pouvait exister à cette époque où chaque action était spécialement déterminée par la loi; en dehors des faits et des circonstances prévus, aucune procédure ne pouvait être organisée. L'*actio in factum*, au contraire, est une innovation du préteur (1), cette forme, indispensable

(1) Nous voulons dire ici que toute action *in factum* est prétorienne; au contraire nous ne pensons pas que toute action prétorienne soit par là même *in factum*. Cette dernière idée, émise et soutenue par M. Pokrowsky, donne lieu à une polémique intéressante entre lui et M. Erman. Nous ne nous attarderons pas à analyser en détail la doctrine de M. Pokrowsky dont la discussion nous entraînerait hors des limites que nous nous sommes tracées ici. Toutefois nous croyons devoir en dire quelques mots, dans le but de préciser ce qui, à notre avis, caractérise l'*actio in factum*. Pour M. Pokrowsky, toutes les actions prétoriennes, actions *adjectitiæ qualitatis*, actions *fictices*, sont *in factum*, dans toutes ces actions, par conséquent, la consommation du droit d'action se produira toujours et uniquement *ope exceptionis*. Le dualisme des actions *in jus* et *in factum* ne se rapporte pas ainsi à la rédaction de la formule, mais bien au mode suivant lequel le demandeur exerce son activité. Les termes *intentio*, *intendere* sont plus faciles à comprendre qu'à définir exactement (*Zsvast. R. A.* t. XVI, pp. 98-100). En réalité l'*intendere* se rapporte au moment où le demandeur comparaît devant le préteur et expose le fond de sa demande. Ici deux situations sont à examiner. Dans l'une le demandeur affirme l'existence de son droit : *jus suum intendit*, *in jus agit*. Nous nous trouvons en présence d'une *intentio in jus*. Dans l'autre, le demandeur ne possède aucun *jus civile* qu'il puisse invoquer, il en est réduit à exposer au préteur l'existence de certaines circonstances, de certains faits qui justifient ses prétentions, qui servent de base à sa demande, nous nous trouvons en présence d'une *intentio in factum* parce que le demandeur, *factum intendit*, *in factum agit*. La conclusion de ce système est que les expressions *actio in jus*, *actio in factum*, sont synonymes de *actio civilis*, *actio prætoria*. Ainsi l'ac-

pour lui, se transforme parfois et se trouve consacrée par le droit civil.

Indispensable dans certains cas, elle est créée et donnée par lui là où aucune action n'existant d'après le *jus*

tion prétorienne sera toujours *in factum*, même quand, en suite d'une fiction ou d'une transposition de personnes, elle tend à un *esse ex jure Quiritium*, ou à un *dare facere oportere*. Par suite la consommation du droit d'action ne pourra se produire *ipso jure* dans aucune action prétorienne. Cette règle devra s'appliquer aux actions *adjectitiæ qualitatis* dont la formule, avec transposition de personnes, sera conçue en *dare facere oportere*. Nous pensons, au contraire, avec M. Erman, que la consommation *ipso jure* est susceptible de se produire dans une action prétorienne, pourvu que les conditions requises soient remplies, et nous en trouvons un exemple, en matière d'*actio de peculio*, dans un texte d'Ulpien (L. 32, pr. D. XV, 1) où la généralité des termes : *omnes heredes liberabuntur* font allusion d'une façon évidente à cette consommation. Quant au critérium permettant de distinguer les actions *in jus* des actions *in factum*, nous pensons le trouver dans la rédaction même de la formule, comme le fait observer M. Erman (*Centralblatt für Rechtswissenschaft*, t. XVI, pp. 356 et ss.). Gaïus parle de formules *in jus*, *in factum conceptæ*, il rapporte ainsi l'opposition des actions, non à la façon dont le demandeur sollicite la délivrance de la formule, mais uniquement à la rédaction de celle-ci. On consultera sur cette controverse : Thèse de Pokrowsky, *Zsvast R. A.*, t. XVI, 1895, pp. 7 et ss. Réfutation : Erman, dans *Centralblatt für Rechtswissenchaft*, t. XVI, pp. 356 et ss.— Recueil de Lausanne 1896, au cours d'une étude sur le *servus vicarius*, pp. 498 et ss. — Examen de la controverse par Matthias, dans *Centralblatt für Rechtswissenschaft*, 1897, p. 35, favorable à Erman. — Reprise de la question par Pokrowsky : Право и фактъ въ римскомъ правѣ Кіевъ 1898. L'origine de l'*actio in factum* est ici très clairement indiquée par l'auteur (p. 140, texte et n. 2 où se trouve cité Schultze, *Privatrecht und Process in ihrer Wechselbeziehung*, pp. 368-369). Nous pensons avec lui que le préteur, après avoir accordé une action dans certains cas particuliers, se décida, une fois pour toutes, ces cas venant à se répéter, à dire qu'à l'avenir, il protègerait le droit des plaideurs en

civile, il ne peut indiquer au *judex* aucun principe juridique selon lequel celui-ci devra prononcer sa sentence (1); tels seront les cas des actions Servienne ou Paulienne par exemple, qu'il donne au bailleur et au créancier victime de la fraude de son débiteur, tous deux non protégés par le droit civil et celui où, voulant sanctionner ses ordres, il donne au patron une action contre l'affranchi qui l'a appelé *in jus* sans permission.

L'*actio in factum* est quelquefois consacrée à son tour par le *jus civile* lui-même ; par exemple en matière de

pareilles circonstances : *judicium dabo*. L'édit prétorien se forme dans cette voie. Les actions *in factum* ne sont pas brusquement mises à la disposition des plaideurs. Elles se développent petit à petit jusqu'au moment où, après avoir été accordées par plusieurs préteurs successifs, elles sont définitivement consacrées par leur insertion dans l'*edictum tralaticium*. Voir aussi : ERMAN, *Zsavst*. R. A., t. XIX, 1898, pp. 261 et ss. Enfin POKROWSKY, *Zsavst*. R. A., t. XX, 1899, pp. 99 et ss. et de nouveau ERMANN, *Zsavst*. R. A. t. XX, 1899, pp. 243 et ss. Pour M. CONTARDO FERRINI (*La consunzione processuale dell'actio de peculio*, monographie publiée dans l'*Archivio giuridico, Modena*, 1900, pp. 78 et ss.), on ne peut mettre en doute que, dans le droit classique, la consommation du droit d'action ait été réalisée pour le tout dans l'*actio de peculio* (*Loc. cit.*, p. 81). En outre, l'auteur admet (*Loc. cit.*, p. 84) avec MM. Erman et Lusignani (*La consumazione processuale dell'actio de peculio*, Parma, 1899), que le fameux fragment (L. 30, § 4, D. XX, 1) : *is qui de peculio egit, rursus aucto peculio de residuo debiti agere potest* a été remanié et que le texte original devait se terminer, au contraire, par ces mots *agere non potest*.

(1) KELLER indique très nettement ce point (*Litis Contestatio und Urtheil*, § 8, p. 86) : « Le caractère propre des formules *in factum conceptæ* est que l'on y considère, comme étant le fondement de l'action intentée, ni une obligation, ni aucun autre rapport de droit, mais simplement une pure circonstance de fait, laquelle sera à la fois et la base du procès et la condition de la condamnation ».

dépôt et de *commodat* ; à côté de la formule *in factum* imaginée par le préteur, nous trouvons ici la formule *in jus* consacrée par le droit civil. Ainsi le préteur peut, à son choix, soit rédiger *in jus* la formule de l'action, soit la rédiger *in factum* (1) si cette forme lui paraît mieux convenir à l'espèce dont il s'agit, dans le cas, peut-être, où, connaissant le bien-fondé de la demande, il laisse de côté une question de droit obscure et compliquée pour ne soumettre au *judex* qu'une simple question de fait, d'après laquelle la sentence sera rendue.

Dans tous ces cas, il énumère et décrit, dans l'*intentio* de la formule, les circonstances et les faits de la cause, les indique ainsi au *judex* et lui donne l'ordre de condamner le défendeur si leur exactitude se trouve vérifiée (2), de l'absoudre au cas contraire. Comme, d'ailleurs, le nombre des circonstances dans lesquelles le préteur arrive à donner une action va sans cesse en augmentant, il en résulte que le nombre lui-même des actions *in factum* est devenu considérable : *et denique innumerabiles ejusmodi aliæ formulæ in albo proponuntur* (3).

La consommation *ipso jure* du droit d'action ne s'est jamais réalisée, avons-nous dit, dans un procès dont la formule est *in factum concepta*. En effet, de même

(1) Gaius (IV, 47), *Sed ex quibusdam causis prætor et in jus et in factum conceptas formulas proponit, velut depositi et commodati.*

(2) Cf. Bethmann. Hollweg. *Op. cit.*, t. II, § 96, p. 313.

(3) Gaius. IV, § 46.

que le *judicium imperio continens*, la procédure de l'*actio in factum* repose tout entière sur l'autorité du préteur qui en est l'origine et qui forme, de plus, la base de la condamnation. Mais, en elle-même, cette procédure est en opposition avec l'ancien droit civil ; les procès instruits en sa forme ne peuvent être qualifiés d'actions au sens propre de l'ancien droit.

Le *judicium legitimum*, avons-nous vu, représente, dans le système de la loi *Æbutia*, la procédure régulièrement organisée suivant les règles de l'ancien droit civil ; mais il peut échoir que, toutes les conditions de cette procédure venant à être réalisées, la formule délivrée par le préteur soit conçue *in factum* ; dans ce cas le *judicium legitimum* cesse d'être l'image de l'ancienne procédure exactement conforme au *jus* civile, il cesse alors d'en produire les effets ; comme conséquence immédiate, il ne peut entraîner la consommation du droit d'action du demandeur, telle que nous l'avons vu résulter de l'accomplissement de la *Legis Actio*, c'est-à-dire *ipso jure*, de plein droit.

Devant cette impuissance, le préteur ne voulut pas cependant s'avouer vaincu ; il estimait, en effet, au même prix l'*actio in factum* qu'il avait créée et les anciennes actions civiles; à ses yeux la première devait être l'égale des secondes. Il usa donc du seul moyen qu'il possédait pour rendre efficace la consommation du droit d'action qu'il voyait se produire dans le domaine du *judicium legitimum* : il donna au défendeur une exception pour paralyser la nouvelle demande *de eadem re* intentée par son adversaire contre lui, demande que, selon la rigueur des principes du *jus civile*, la première procédure avait laissée intacte et susceptible d'être introduite à nouveau. En sa qualité de magistrat il ne pouvait purement et simplement la déclarer non avenue en refusant *ipso jure* la délivrance de la formule et en rendant, par là même, impossible la continuation du procès (1).

Telle est, pensons-nous, la raison pour laquelle une restriction est apportée dans le domaine du *judicium legitimum* relativement à l'extinction du droit d'action, laquelle, au lieu de se produire de plein droit, comme cela est ici la règle, ne peut être rendue efficace que *per exceptionem*, au cas où la formule délivrée par le préteur se trouve être *concepta in factum* ; dans cette circonstance le *judicium legitimum* lui-même cesse d'être l'image de l'ancienne procédure organisée par le droit civil, il s'écarte de son modèle, par suite il ne saurait en conserver les vertus.

Keller, fidèle à son idée de novation, prétend que la consommation du droit d'action ne peut se produire *ipso jure* au cas où il s'agit d'une action dont la formule est *in factum*, par cela même qu'un fait, tout comme un droit réel (2), ne peut être nové ; de plus suivant cet auteur, la *Litis Contestatio* à laquelle il rattache l'effet extinctif, est impuissante à rendre non avenus des faits

(1) Cprz. Bekker. *Die Processualische Consumptio*, § 22, p. 280.
(2) Cf. *Supra*, p. 137.

réellement accomplis (1). Quant à la première raison invoquée, elle tombe, si, comme nous nous proposons de le démontrer plus loin, on admet que la consommation du droit d'action est indépendante de toute idée de novation ; quant à la seconde, à savoir que la consommation ne peut se produire de plein droit, parce que des faits accomplis ne peuvent être réputés non avenus, elle ne nous semble pas décisive. En effet, si l'on suppose *Primus* intentant contre *Secundus* une action personnelle, l'*actio depositi*, par exemple, qu'il s'agisse d'une procédure constituant un *judicium legitimum* et que, de plus, la formule soit *concepta in jus*, *Primus* ne pourra plus désormais introduire une nouvelle demande, son droit d'agir sera consommé de plein droit sans que, pour se défendre, *Secundus*, poursuivi à nouveau, nous le supposons, ait à faire insérer dans la formule aucune exception. Cependant, l'acte matériel ayant constitué le dépôt n'a pas cessé d'avoir été réellement accompli. Au contraire, toutes choses égales d'ailleurs, *Secundus* aurait dû recourir à une exception pour se défendre si la formule délivrée à *Primus* eût été *in factum concepta*. La raison de la différence n'est donc pas dans le ou les faits ayant constitué le dépôt, faits qui sont les mêmes dans les deux cas, mais bien uniquement, comme nous l'avons montré, dans l'origine prétorienne de la forme

(1) Cf. Keller. *Litis Contestatio und Urtheil*, § 12, p. 118-119, texte et note 8, et *Der Römische Civilprocess*, 2e édition, § 60, note 712, p. 247.

in factum donnée à l'*intentio* et Buchka déclare (1), qu'étant donnée la forme exclusivement prétorienne des instructions données au *judex*, des effets exclusivement prétoriens doivent également en résulter.

On nous objectera peut-être que la loi *Æbutia* a donné une consécration légale aux formules créées par le préteur; que, de plus, si notre opinion était exacte, l'extinction du droit d'action aurait dû se produire uniquement *ope exceptionis* dans toutes les actions prétoriennes, même dans celle où la formule est *in jus concepta* (2).

Sur le premier point, nous répondrons qu'il est malaisé de savoir quelle a été au juste la portée de la loi *Æbutia*; il est très probable, cependant, que cette loi s'est bornée à introduire dans le domaine du préteur urbain et à adapter à son usage une forme de procédure à laquelle il ne recourait pas jusque là; rien ne dit, en outre, qu'elle ait, en réalité, donné une consécration légale à toutes les actions prétoriennes sans distinction (3); cela est même peu probable si l'on tient compte surtout du grand nombre d'actions *in factum* postérieures à la loi *Æbutia* elle-même. Sans doute, quelle que puisse avoir été la portée de cette dernière, elle n'a pu aller jusqu'à attacher tous les effets engendrés par les actions civiles, notamment en ce qui concerne la théorie de la consommation de l'action, à des actions encore incon-

(1) Buchka. *Einfluss des Processes*, § 1, cité par Bekker, *Die Processualische Consumptio*, § 22, note 9.

(2) Cf. M. Tardif. *Op. cit.*, p. 161.

(3) Cf. Eisele. *Abhandlungen*, p. 78.

nues lors de son apparition et, pour ne prendre qu'un exemple, en plaçant celle-ci, avec M. Girard, entre les années 605 et 628 *a. U. c.*, elle n'a pu prévoir et consacrer par avance l'action Paulienne qui est vraisemblablement de 688 *a. U. c.* (1).

Sur le second point, on ne saurait assimiler les actions prétoriennes dont la formule est *concepta in jus* à celles dont la formule est *concepta in factum*. Les unes et les autres diffèrent profondément quant à leur origine. Le préteur, après avoir donné des actions dans les cas prévus par le *jus civile*, s'est mis à donner les mêmes actions dans d'autres cas voisins et analogues. Dans ces cas, à vrai dire, manquait une des conditions exigées par le *jus civile* ; il enjoignit alors au *judex* de statuer tout comme si la condition faisant défaut était réalisée. Telle est la Publicienne, par exemple, qui n'est autre que l'action en revendication donnée avec la fiction que l'usucapion est accomplie, alors qu'en réalité elle ne l'est pas encore. Ce sont là les actions fictices dont la formule est rédigée *in jus*; en définitive ce sont les actions civiles elles-mêmes données sous le bénéfice d'une fiction, mais ce ne sont pas des actions nouvelles inventées de toutes pièces par le préteur ; rien ne s'oppose, dès lors, à ce qu'elles continuent à produire leurs effets ordinaires dans le cas où il vient à les accorder. Tout autres, comme nous l'avons vu, sont les actions *in factum* ; celles-ci sont bien des actions entièrement nouvelles, créées par le préteur

(1) Cf. M. Girard. *Manuel élémentaire de Droit romain*, p. 411.

dans des cas où il a voulu protéger certains droits, sans trouver, pour cela, ni aucune action civile à appliquer, même sous le bénéfice d'une fiction, ni aucun droit voisin analogue, capable d'engendrer une action civile préexistante. Alors il s'est mis hardiment à innover et le produit de cette innovation est l'*actio in factum* dans laquelle, comme le dit M. Girard (1), il protège les droits du demandeur, non plus par une formule *in jus*, posant, avec ou sans fiction, une question de droit, mais par une formule *in factum*, posant au juge une question de fait. Dès lors, il n'est pas surprenant que ces nouvelles actions, non prévues par le *jus civile*, restent privées de certains effets attachés aux actions données par le droit civil lui-même qui, sans modifications intrinsèques, sont accordées telles quelles par le préteur, sous le simple bénéfice d'une fiction.

M. Eisele propose une autre théorie qui explique très clairement tout à la fois les raisons pour lesquelles la consommation *ipso jure* se produit après la loi *Æbutia* et exige alors pour se produire la réunion de ces trois conditions : une *actio in personam*, une *intentio in jus concepta*, un *judicium legitimum*.

En premier lieu, la loi *Æbutia* aurait contenu la disposition suivante : *qua de re ex hac lege actum fuerit, de ea re amplius actio ne esto.* De plus, cette même loi n'aurait, en principe, étendu la formule de la juridiction du préteur pérégrin à celle du préteur urbain que d'une

(1) Cf. GIRARD. *Manuel*, p. 987.

façon restreinte et seulement en ce qui concerne les actions personnelles avec *intentio juris civilis*, elle aurait aussi, notamment en ce qui touche la nécessité du *judex unus*, déterminé les éléments du *judicium legitimum*.

Ces divers points étant posés, les trois conditions mentionnées par Gaïus (IV, 107) s'expliquent d'elles-mêmes : l'*ipso jure agi amplius non posse*, par une disposition législative expresse, à laquelle le magistrat reste étranger ; la limitation de la consommation *ipso jure* aux actions *in personam* avec *intentio juris civilis*, par la raison bien simple que la loi *Æbutia* s'appliquait à celles-ci seulement ; la nécessité enfin du *judicium legitimum*, par une de ses dispositions.

Cette explication est ingénieuse, mais, comme le dit d'ailleurs M. Eisele lui-même, elle est une hypothèse seulement et aucun texte ne vient la confirmer (1).

Le *judicium legitimum* est, dans le nouveau système de la loi *Æbutia*, la seule procédure dans laquelle l'extinction du droit d'action continue à se réaliser *ipso jure* ; elle est aussi la seule, par conséquent, où cette extinction procède des mêmes principes que sous l'ancien système des *Actiones Legis*. Nous avons analysé plus haut les raisons pour lesquelles les Romains n'admettaient pas la réitération des rites solennels de la *Legis Actio* (2),

(1) Cf. *Eisele Abhandlungen*, I, pp. 26-27-28, texte et notes 16, 17, 18, surtout n. 17 où se trouve cité un texte de la *Lex Acilia repetundarum*, ligne 56 ; *Quei ex hac lege condemnatus aut apsolutus erit, quom eo hac lege... actio nei esto* ; et sur la portée limitée de la loi *Æbutia*, II, pp. 78 et ss., notamment p. 88.

(2). Cf. *Supra*., p. 33.

nous avons vu que ceux-ci une fois accomplis, ne pouvaient une seconde fois l'être à l'occasion de la même affaire. Or, l'accomplissement de ces rites avait lieu *in jure*, en la présence et même avec le concours du magistrat et nous savons que la *Litis Contestatio* marquait très probablement la fin de cette première phase du procès. L'apparition du système formulaire coïncide avec l'abandon des formes solennelles du *lege agere*, dès lors la règle *bis de eadem re ne sit actio* ne cadre plus avec les formes nouvelles ; le mot *actio*, en effet, change de signification, comme nous l'avons observé ; il désigne désormais, non la procédure, l'*actio* κατ' ἐξοχήν mais le droit lui-même mis en œuvre : *nihil aliud est actio quam jus quod sibi debeatur judicio persequendi* (1). La règle à laquelle nous avons rattaché jusqu'ici la théorie de la consommation de l'action ne peut donc être invoquée directement dans le domaine du *judicium legitimum* de la procédure formulaire (2), car nous ne pouvons, *stricto sensu*, appliquer le mot *actio*, avec le sens qu'il possède dans la règle, à la première phase seulement du procès accompli *in jure* devant le préteur. Est-ce à dire, cependant, que la théorie de la consommation ait cessé de procéder des mêmes principes depuis la loi *Æbutia*, ou que celle-ci ait contenu, à ce sujet, une disposition spéciale? Nous ne le croyons pas. Nous pensons plutôt que les Romains ont continué à faire valoir, dans le

(1) Cf. *supra*., p. 66.
(2) En ce sens Eisele., *Abhandlungen*, p. 12.

domaine du *judicium legitimum*, c'est à dire dans le procès régulièrement organisé d'après les principes de l'ancien *jus civile*, les mêmes considérations touchant l'ordre public et la bonne administration de la justice, pour lesquelles ils s'étaient opposés à la réitération d'une seconde *Legis Actio de eadem re*. De même qu'au temps de l'ancien système nul n'était admis à *lege agere* plus d'une fois relativement à la même affaire, de même nul ne fut autorisé, dans le nouveau système de la loi *Æbutia*, à organiser plus d'une fois un *judicium legitimum de eadem re* (1).

La *Litis Contestatio*, comme au temps des *Legis Actiones*, malgré les modifications essentielles qu'elle ait pu subir, continue à marquer la fin de la procédure *in jure* ; elle coïncide avec l'instant où, les éléments du procès étant définitivement déterminés, le *judicium* est organisé. Partant de cette idée, on fut amené à dire qu'un procès régulièrement intenté et poursuivi jusqu'à la *Litis Contestatio*, ne pouvait plus *ipso jure*, être agité à nouveau. La règle *bis de eadem re ne sit actio* ne s'appliquait plus d'autre part à la nouvelle procédure, on en arriva ainsi à rattacher tout naturellement à la *Litis Contestatio* la consommation du droit d'action. La consommation coïncide en effet avec elle puisqu'au moment où la *Litis Contestatio* a lieu, la procédure *in jure* étant terminée et son renouvellement impossible,

(1) Ceci, bien entendu, sous la restriction des deux exceptions indiquées ci-dessus : *actio in rem*, *formula in factum concepta*.

le droit d'action par là même est éteint, mais elle ne saurait, en aucune façon, s'y rattacher comme un effet à sa cause.

Tout autre est la théorie de Keller qui repose, ainsi que nous avons eu l'occasion de le remarquer en passant, sur l'idée d'une novation opérée par la *Litis Contestatio*; par suite de cette novation, un droit nouveau prend naissance et le droit d'action originel du demandeur se trouve tout naturellement éteint. De cette façon, c'est la *Litis Contestatio* elle-même, en tant que possédant une vertu propre, destructrice et créatrice tout à la fois, qui devient l'agent efficient de la consommation de l'action (1), destructrice, puisqu'elle éteint le droit antérieur, mais créatrice en même temps puisqu'elle fait naître de par ailleurs un nouveau rapport de droit lequel, aux lieu et place de l'ancien, vient se former entre les parties en cause.

Nous allons essayer d'analyser cette doctrine qui paraît décisive au premier abord et s'appuie, comme nous l'avons dit déjà, sur deux fragments des *Commentaires* de Gaïus (III, 180, 181) cités plus haut (2).

Dans les cas où l'extinction du droit d'action originel se produit, le rapport juridique qui existe entre les parties en cause, qui, nous le savons, repose ici sur un con-

(1) M. Erman, dans son étude sur le *Servus vicarius* (Recueil de la Faculté de Droit de Lausanne, Genève 1896, p. 506) parle également d'un « effet consompteur de la *Litis Contestatio* » et compare cet effet à celui de la stipulation novatoire. — Cf. surtout p. 507.

(2) Cf. *supra*, pp. 85 et 86.

trat, se trouve complètement rompu et absolument détruit par la *Litis Contestatio* elle-même. Mais, au même instant où cette extinction se réalise, une nouvelle obligation prend naissance et se substitue à la première dont elle se distingue en ce qu'elle ne consiste plus dans un *dare facere oportere,* mais bien dans un *condemnari oportere* en une somme dont le *quantum* est l'équivalent du litige. Tel serait le sens des paroles de Gaïus : *Ante litem contestatam dare debitorem oportere, post litem contestatam condemnari oportere.* En sorte que ce texte renfermerait le principe d'une véritable novation, la *novatio necessaria*, opposée à la *novatio voluntaria* (1). Pour être complet, Keller ajoute qu'à la suite de cette première novation nécessaire opérée par la *Litis Contestatio*, il s'en produit une seconde entraînée par la sentence : *post condemnationem judicatum facere oportere.*

L'extinction du droit d'action serait ainsi réalisée au moyen d'une novation produite par la *Litis Contestatio,* cette novation nécessaire viendrait, à côté de la novation contractuelle, s'ajouter aux modes d'extinction des obligations.

Il est certain que dans les cas où la consommation du droit d'action se produit *ipso jure*, le résultat obtenu semble bien se rapprocher de celui qu'aurait engendré une novation. En effet, d'une part, le demandeur ne

(1) Cf. KELLER. *Litis Contestatio und Urtheil*, § 9, pp. 87 et ss. *Der römische Civilprocess*, 2ᵉ édit., § 60, pp. 244-245.

peut plus à l'avenir agir à nouveau, son droit d'action est éteint : *obligatio principalis dissolvitur*, d'autre part, il possède le droit nouveau d'obtenir contre son adversaire une sentence de condamnation, *incipit autem teneri reus Litis Contestatione*. Il y aurait donc là, comme dans la novation contractuelle, substitution d'un droit nouveau à un droit antérieur. Jusqu'ici voilà des traits communs à la novation volontaire et à la novation dite nécessaire, mais, en examinant le fond des choses, des différences profondes ne tardent pas à se manifester qui viennent rendre au moins très problématique l'existence de cette nouvelle sorte de novation dont le nom est inconnu aux jurisconsultes romains. On ne saurait d'ailleurs argumenter d'un fragment des *Quæstiones* de Paul : *Aliam causam esse novationis voluntariæ, aliam judicii accepti, multa exempla ostendunt* (1), sinon pour en déduire que ce texte distingue avec soin les deux actes juridiques sans essayer en aucune façon de les assimiler l'un à l'autre.

M. Tardif (2) a clairement démontré qu'il ne faut pas confondre la *Litis Contestatio* et la novation, il a confirmé, par l'analyse des textes, les considérations théoriques qui s'y opposent. Dans la novation contractuelle, *novatio voluntaria*, les parties se proposent un double but à atteindre : il s'agit, en premier lieu, d'éteindre une obligation préexistante et, en second lieu, d'en créer une nouvelle. La

(1) L. 29, D. XLVI, 2.
(2) Tardif. *Op cit.*, pp. 182 et ss.

naissance de la seconde est la condition de l'extinction de la première, de même que l'extinction de la première est la condition de la naissance de la seconde. *Novatio est prioris debiti in aliam obligationem... transfusio atque translatio... ita nova constituatur, ut prior perimatur* (1), dit Ulpien. Ainsi, si la nouvelle obligation ne se forme pas, il ne saurait y avoir novation et la première obligation ne s'éteint pas. Il en est tout autrement en ce qui concerne la *Litis Contestatio* ; ici comme le fait très justement observer M. Tardif (2), les deux effets extinctif et obligatoire n'ont pas, l'un et l'autre, la même étendue, le premier peut avoir une portée infiniment plus large que le second. Supposons, par exemple, le cas d'une stipulation de rente viagère; ce contrat, nous le savons, est considéré par les Romains comme aléatoire, perpétuel et, de plus, unique, en ce sens qu'il comprend l'ensemble de toutes les prestations successives dont le débiteur devra s'acquitter vis à vis du créancier (3). Or, si ce dernier, venant à ne pas être payé, en est amené à exercer des poursuites, il devra faire insérer dans la formule une *præscriptio*, afin de limiter exactement sa demande aux termes échus restés impayés. Faute par lui d'avoir procédé ainsi, il est censé avoir agi pour le tout. Il pourra, à vrai dire, obtenir du *judex* une sentence de condamnation relative aux intérêts échus, mais il ne pourra

(1) L. 1 pr. D. XLVI, 2.

(2) *Loc. cit.*

(3) L. 16, § 1 D. XLV, 1, Pomponius : « *Stipulatio hujus modi : In annos singulos, una est et incerta et perpetua* ».

plus désormais agir à l'avenir à raison des intérêts à échoir (1) ; au sujet de ceux-ci aucun droit nouveau ne viendra se substituer en sa faveur à son droit d'action primitif qui se trouve éteint. L'effet extinctif de la *Litis Contestatio*, à supposer toutefois qu'elle en ait un, se trouverait donc infiniment plus important que son effet obligatoire, à savoir l'obligation pour le défendeur de s'entendre condamner. Parfois même on ne peut en aucune manière songer à une novation quelconque ; tel est le cas où par suite d'une exception dilatoire, le droit d'action est éteint sans qu'aucun autre ne prenne par là même naissance (2). En outre, quel serait donc l'élément nouveau, *aliquid novi*, de cette *novatio necessaria*, indispensable pour qu'il y ait novation ? Nous ne l'apercevons pas s'il s'agit d'une *condictio certæ pecuniæ*, quand l'objet même de la dette est ainsi précisément une somme d'argent ; dans les autres cas la novation consisterait dans la substitution d'une somme d'argent à la créance originelle ; ce serait ainsi une novation par changement d'objet, novation que le droit romain n'avait pas admise (3). Au surplus si Gaïus assi-

(1) Et cela, parce qu'il a agi pour le tout. GAIUS, IV, 131 : « *Totam obligationem, id est etiam futuram in hoc judicium deducimus* ».

(2) GAIUS, IV, 123 : *Observandum est autem ei cui dilatoria objicitur exceptio, ut differat actionem ; alioquin si objecta exceptione egerit rem perdit, nec enim, post illud tempus quo integra re evitare poterat, adhuc ei potestas agendi superest.* — Cf. BEKKER. *Die processualische Consumptio*, § 23, p. 303. « *Ein Rechtsact der an Stelle einer Obligatio gar nichts setzt, mag sein was er will, eine Novation ist er nicht.*

(3) En ce sens TARDIF. *Op. cit.*, p. 186 et GIRARD *Manuel* p. 679. Un texte de PAPINIEN (L. 28, D. XLVI, 2) permet de croire que la nova-

mile l'effet extinctif se produisant, en procédure, au moment où la *Litis Contestatio* a lieu, à celui entraîné par la novation, ce n'est là qu'une théorie apportée après coup, une simple comparaison, propre à expliquer les effets de la consommation du droit d'action, non à en analyser la cause.

Il n'y a donc pas novation, ce n'est point par une idée de novation que peut s'expliquer la consommation du droit d'action dans le *judicium legitimum*. En réalité, l'effet extinctif et l'effet obligatoire dont nous entretient Gaïus (III, 180) se réalisent simultanément au moment de la *Litis Contestatio*, mais ils n'ont pas, l'un et l'autre, la même cause. L'effet extinctif, comme nous l'avons montré, se rattache à l'ancienne règle *bis de eadem ne sit actio*, l'effet obligatoire, consistant pour le défendeur à subir désormais les conséquences de la procédure et les effets de la sentence, au fait même de celui-ci d'avoir accepté la formule et la liaison du procès.

Une règle formelle s'oppose à la réitération de la procédure *in jure*, dans le cas de consommation *ipso jure* du droit d'action; cette consommation coïncide, d'après

tion par changement d'objet finit par être admise; on comprend dès lors pourquoi ce jurisconsulte applique le mot *novare* à la *Litis Contestatio*. (Frag. Vat., § 263) PAPINIANUS : « *inchoatis litibus actiones novavit...* » Ce système finit sans doute par être adopté, Justinien admet une novation produite par l'*actio judicati* (L. 3 pr. C. VII, 54). « *Si enim novatur judicati actione prior contractus* ». — Cf. TARDIF. *Op. cit.*, p. 188. — ACCARIAS. *Op. cit.*, n° 695, p. 549, texte et note 4. — GIRARD, *Op. cit.*, pp. 679-680, texte et notes 1 et 3, p. 680.

Gaïus, avec la *Litis Contestatio* ; on peut en induire que celle-ci terminait la première phase du procès devant le magistrat, mais ce serait aller trop loin que de rattacher à la *Litis Contestatio* une vertu extinctive propre que par elle-même elle ne possède pas. Les paroles de Gaïus (1) ne se réfèrent pas d'une façon abstraite au fond du droit, elles décrivent simplement des états de cause successifs : avec la *Litis Contestatio* (2) disparaît dans un *judicium legitimum*, le droit originel d'action ; avant le moment où elle se réalise le demandeur exigeait de son adversaire l'exécution de l'obligation qu'il avait contractée vis-à-vis de lui ; une fois le procès définitivement lié, ce qu'il exige, c'est une sentence de condamnation, plus tard, si le débiteur persiste à ne pas s'exécuter, il le poursuivra par l'*actio judicati*. Telle est la marche naturelle des événements qui caractérisent les poursuites dirigées par un créancier contre un débiteur récalcitrant. Mais il ne faudrait pas tirer des paroles de Gaïus (III, 180) cette conséquence,

(1) Remarquons, avec Bekker (*Die Processualische Consumptio*, p. 304, § 23, texte et note 30), que la règle : *ante litem contestatam*... etc., ne peut s'appliquer qu'aux procès tranchés par une condamnation pécuniaire, l'hypothèse d'une novation est impossible au cas d'une condamnation *ad ipsam rem*.

(2) Cogliolo (*Trattato teorico pratico della Eccezione di cosa giudicata*, pp. 65-66) traduit également les paroles de Gaïus (III, 180) : *Tollitur*... *Litis Contestatione*, par ces mots : « *Con la Litis Contestatio* », avec la *Litis Contestatio*. Au reste, pour l'auteur, cette consommation ne se produit même plus au temps de Gaïus, dont les paroles : « *Et hoc est quod veteres*... etc, », doivent être considérées comme un *modus dicendi* se référant à une antique doctrine.

qu'avec la *Litis Contestatio* le *dare oportere* a disparu d'une façon absolue. Le défendeur peut en effet éviter les suites de la condamnation d'après la doctrine Sabinienne, qui finit par l'emporter, en donnant satisfaction au demandeur, même après la délivrance de la formule, en vertu de la règle : « *omnia judicia absolutoria sunt* » (1). Enfin Bekker et, plus récemment encore, Schwalbach (2), par une observation dont l'extrême simplicité est remarquable, démontre que, de toute évidence, on ne doit pas prendre à la lettre les mots *Litis Contestatione dari oportere desiit*. En effet, sous quelles conditions le préteur donne-t-il au *judex* dans la formule le pouvoir de condamner ou d'absoudre ? Quelle est la condition de la condamnation, quelle est celle de l'absolution ? Le *judex* devra condamner si le bien fondé de l'*intentio* lui paraît certaine, il devra absoudre dans le cas contraire. Or l'*intentio* est ainsi conçue : *Si paret Numerium Negidium Aulo Agerio H S X millia dare oportere* (3) et le *judex*, remarquons-le, doit se prononcer sur cette question après la *Litis Contestatio*. Or, de deux choses l'une : ou Numerius Negidius doit, en effet,

(1) Cf. ACCARIAS. *Précis* 4e édit., t. II, nº 771, p. 740 et (L. 33, § 1 D. XLVI. 3). — GAIUS. *Comm.* IV, 114. — COGLIOLO. *Op. cit.*, p. 72.

(2) Cf. SCHWALBACH. *Ueber ungültige Urtheile und die consumirde Wirkung der Litis Contestatio. Zsavst R A.* t. VII, p. 132. Nous lisons : « *Nun ist aber das : Litis Contestatione dari oportere desiit* (GAIUS III, 181) *ohnehin wortlich zu nehmen* » et *loc. cit.*, note 2 : « Ce texte », dit l'auteur, « se rapporte à l'époque qui a précédé l'introduction de la procédure formulaire ».

(3) Cf. GAIUS (IV, 41).

remettre les dix mille à Aulus Agerius, ou il ne le doit pas. S'il doit cette prestation, il devra être condamné, s'il ne la doit pas, il devra, en conséquence, être renvoyé absous. Si donc la *Litis Contestatio* a fait disparaître le *dare oportere*, Numerius Negidius ne doit plus les *X millia*, par suite encore, traduire les mots *Litis Contestatione dari oportere desiit* par ceux-ci : la *Litis Contestatio* fait disparaître le *dare facere oportere*, entraîne cette importante conséquence de rendre purement et simplement impossible une sentence de condamnation toutes les fois que la consommation du droit d'action se produit de plein droit.

La *Litis Contestatio* ne fait pas disparaître le *dare oportere*. Avec elle s'évanouit seulement, pour le demandeur, au cas d'extinction *ipso jure*, bien entendu, la possibilité d'agiter à nouveau le même procès de *eadem re* (1). Malgré elle, le demandeur ne sera, en aucune façon, mis dans l'impossibilité de poursuivre la réalisation de son droit ; bien au contraire, il continuera son procès dans le but de faire triompher la demande primitivement introduite par lui, dont le bien fondé subsiste encore, même après la *Litis Contestatio* (2).

Nous avons examiné comment se produisait l'extinc-

(1) Tel est le sens, en effet, des paroles de Gaïus (III, 181) : *Postea. . agere non possim quia inutiliter intendo dari mihi oportere...*

(2) La persistance du *dare oportere* est un argument décisif contre la théorie de la *novatio necessaria*. Cf. Bekker : *Die Process. Consumptio*, § 22, p. 279, texte et note 7 ; et, en ce sens également, Rudorff : *Römische Rechtsgeschichte*, t. II, pp. 271-272.

tion du droit d'action dans le *judicium legitimum*. En principe, elle procède de plein droit et tire son origine de l'ancienne règle : *bis de eadem re ne sit actio* ; cela est surtout très vraisemblable, si l'on considère que, dans le nouveau système de la loi *Æbutia*, le procès se trouvait amené au même point, au moment où, par la délivrance de la formule, la procédure *in jure* se trouvait terminée et la procédure *in judicio* régulièrement organisée, où il en était parvenu, dans le système des *Actiones Legis*, après l'accomplissement des formes solennelles de la *Legis Actio*.

Il nous reste à étudier maintenant, avant de porter nos recherches sur le *judicium imperio continens*, comment, par voie d'exception, le préteur étendit, dans le domaine du *judicium legitimum*, la théorie de la consommation de l'action dans les cas où, de plein droit, elle ne pouvait se produire, en rendant inefficace, *jure prætorio*, une seconde demande de *eadem re*, susceptible d'être de nouveau introduite *jure civili*. Nous examinerons cette extinction *ope exceptionis*, ses conséquences et, notamment, l'importance qu'elle prit avec les dispositions des *leges Juliæ judiciariæ* qui, modifiant au sujet de la durée du *judicium legitimum*, les principes antérieurs, vinrent en abolir la perpétuité (1).

La consommation *ipso jure* du droit d'action, seule connue du système des *Actiones Legis*, se produit, au contraire, postérieurement à la loi *Æbutia*, exclusive-

(1) Cf. *supra*, p. 106.

ment dans le domaine du *judicium legitimum*, encore si elle ne se réalise que là seulement, ne s'y réalise-t-elle pas toujours. Nous savons, à ce sujet, qu'elle exige la réunion de deux conditions : une action personnelle et une *intentio juris civilis*. Par suite, le demandeur, malgré un précédent procès intenté par lui suivant les formes du *judicium legitimum*, peut, néanmoins, conserver son droit d'action *jure civili* et agir à nouveau de *eadem re*. Ce résultat se présentera toutes les fois que les éléments du *judicium legitimum*, relatifs au lieu et à la qualité des personnes des parties et du *judex unus*, venant à se trouver simultanément réunis, ou bien l'action intentée sera une action réelle, ou bien une action personnelle, dont l'*intentio* se trouvera conçue, non pas *in jus*, mais *in factum*. Dans ces deux cas, le droit d'action n'est pas consommé et continue à subsister. Le défendeur se trouve ainsi exposé à de nouvelles poursuites. Rien ne peut empêcher le demandeur de venir sans cesse importuner le magistrat, ni de solliciter successivement plusieurs formules au sujet de la même affaire.

En effet, il peut se faire que la procédure *in jure* terminée, en possession de la formule délivrée par le magistrat, le demandeur vienne à se repentir, soit du choix du *judex*, soit de la rédaction de la formule elle-même. Dans ces conditions, conservant d'autre part son droit d'agir, il abandonne purement et simplement le suite de ce premier procès, pour en intenter un nouveau, obtenir, cette fois-ci, une formule et un *judex* conformes à ses désirs et, finalement, à son profit, une sentence de condamnation contre son adversaire. Le défendeur, de son côté, n'a aucun moyen de le contraindre à poursuivre jusqu'à la sentence le premier procès ; d'autre part, il ne peut davantage éviter le second, ni écarter la condamnation que pourra prononcer le *judex* à son préjudice, car le demandeur continue à conserver son droit d'action et demeure libre, en conséquence, d'exercer, à son gré, de nouvelles poursuites.

Cependant une telle situation n'était ni conforme à la bonne et rapide administration de la justice, ni en harmonie avec le respect que devait inspirer aux justiciables la fonction publique dont était revêtu le magistrat. Celui-ci, d'ailleurs, aurait vu bientôt croître à un tel point le nombre des procès, si le plaideur fût resté libre de demander plusieurs fois une nouvelle formule de *eadem re*, que bientôt son rôle eût été encombré d'affaires. Une telle possibilité accordée au demandeur aurait cependant pu se justifier si, par suite d'événements fortuits ou indépendants de sa volonté, il eût pu se trouver tout à coup, sans sa faute, dans l'impossibilité de poursuivre, jusqu'à la sentence, le procès qu'il avait primitivement organisé, et fût ainsi mis par là même dans la nécessité d'intenter de nouvelles poursuites et de demander, dans ce but, une nouvelle formule de *eadem re*. La lui refuser en pareil cas sous le prétexte qu'une formule précédente lui avait déjà été délivrée au sujet de la même affaire, c'eût été le mettre dans l'impossibilité de poursuivre la réalisation de son droit le mieux établi, sans même examiner la cause ; c'eût été, en définitive, un véritable déni de justice, le plus grand des maux que doive s'attacher à éviter un système de procédure. Sa réalisation aurait été, en pareille occurence, infiniment plus grave et plus certaine que n'aurait été, le cas échéant, celle des conséquences précédemment indiquées, qu'elle aurait eu pour objet de prévenir. Mais, précisément, en ce qui touche le *judicium legitimum*, le demandeur ne court, en aucune façon, le danger que nous venons de prévoir. Aucune circonstance imprévue, l'expiration d'aucun laps de temps, ne peuvent le prendre à l'improviste, le mettre dans l'impossibilité de continuer ses poursuites et d'obtenir une sentence. Au contraire, dans certains cas, où le droit originel d'action était temporaire et susceptible de s'éteindre par la mort du demandeur, ce même droit une fois exprimé dans l'*intentio* de la formule et devenu l'objet d'un *judicium legitimum*, confère à qui le possède la possibilité d'obtenir une sentence, aussi longtemps que dure le *judicium* organisé : *Omnes actiones quæ tempore, vel morte pereunt, semel inclusæ judicio salvæ permanent* (1). Or ce *judicium*, s'il est *legitimum*, est, nous le savons, perpétuel de sa nature, aucune circonstance de fait ou de droit ne peut en limiter la durée, ni l'empêcher de produire ses effets ; le plaideur ne court ainsi

(1) Gaïus (L. 139 pr. D. L. 17).

aucun risque de se voir privé de son droit d'action, comme nous le supposions dans l'hypothèse précédemment formée. Dès lors, laisser au demandeur la liberté d'avoir une seconde fois, une troisième fois ou même plus encore, recours au magistrat pour lui demander la délivrance d'une formule au sujet de la même affaire, sans accorder d'ailleurs au défendeur aucun moyen de se défendre contre ces poursuites réitérées, c'eût été uniquement favoriser l'esprit de chicane des plaideurs et, par cela même, nuire à la prompte administration de la justice.

Etant donné, d'autre part, que le demandeur a ici devant lui tout le temps nécessaire pour obtenir une sentence du *judex*, qu'on ne peut alléguer en sa faveur aucun motif sérieux de nature à lui faire accorder la faculté de commencer un procès pour l'abandonner ensuite et le recommencer plus tard, le préteur résolut d'empêcher, dans la mesure où cela lui serait possible, la réitération d'un procès déjà agité devant lui.

Pour arriver à cette fin, deux moyens se présentent à l'esprit : ou bien refuser au demandeur le droit d'agir à nouveau, ou bien, si cela est impossible, donner au défendeur une arme avec laquelle il paralysera le droit d'action de son adversaire (1) et sera mis à même d'obtenir une sentence d'absolution.

(1) Nous pensons que le droit d'action du demandeur se trouve paralysé par l'exception, mais subsiste, néanmoins. En ce sens : PUCHTA. *Institutionen* t. II, § 170, p. 160. — BETHMANN-HOLLWEG. *Op. cit.*, t. II, § 99, p. 387, *in fine*. — M. GIRARD. *Manuel*, p. 1000, et en sens

Or, le préteur ne pouvait déclarer anéanti le droit d'action du plaideur qui se présentait à son tribunal, quand, malgré un précédent procès de *eadem re*, ce droit subsistait encore *jure civili* ; aussi, se trouvant dans l'impossibilité d'atteindre directement son but par cette voie, prit-il la seconde. Il donna au défendeur une exception au moyen de laquelle se trouvait indirectement paralysée la seconde demande de *eadem re* dirigée contre lui ; de la sorte, si ce dernier ne pouvait, à vrai dire, échapper aux ennuis d'une nouvelle poursuite, il trouvait, du moins, dans la protection qui lui était accordée, le moyen d'éviter une condamnation et d'obtenir du *judex* une sentence d'absolution.

Par là même la consommation du droit d'action se trouvait étendue dans le *judicium legitimum*, *jure prætorio*, par voie d'exception, aux cas d'un procès relatif à un droit réel ou dont l'*intentio* aurait été conçue *in factum*. Dans ces cas le droit d'agir n'avait pas été éteint *ipso jure* à la suite du premier procès et continuait *jure civili* à appartenir au demandeur. De cette façon, comme nous le dit Gaius (1), le demandeur qui conserve son droit d'action peut agir de nouveau : *Si vero vel in rem vel in factum actum fuerit, ipso jure nihilominus postea agi potest*, mais il sera repoussé par une exception : *et ob id exceptio necessaria est.*

contraire : Lenel. *Ueber Ursprung und Wirkung der Exceptionen*, § 13, *in fine*, p. 112, « *das exceptionmässige Recht, kein Recht.* »

(1) Gaius, IV, 107.

La situation du défendeur, toutefois, est moins bonne que si le droit d'action de son adversaire eût été consommé *ipso jure*. En effet, il est, certes, protégé par le préteur, mais, pour que cette protection lui soit accordée, il doit la demander expressément *in jure* et faire insérer l'exception dans la formule avant la délivrance de celle-ci, sinon, comme nous l'avons vu, il ne serait pas recevable plus tard, devant le *judex*, à alléguer que de précédentes poursuites ont déjà été dirigées contre lui *de eadem re* et qu'elles ont fait antérieurement l'objet d'un précédent procès resté inachevé. L'extinction du droit d'action ne s'étant pas produite, si le *judex* dont les pouvoirs sont exactement limités par la formule, ne trouve ni dans celle-ci, ni dans les principes du *jus civile*, rien qui vienne mettre en échec l'exactitude stricte de l'*intentio*, il devra rendre en faveur du demandeur une sentence de condamnation.

Néanmoins, l'exception donnée par le préteur constitue une importante garantie en faveur du défendeur. Elle lui offre un moyen, indirect il est vrai, mais cependant efficace, d'être renvoyé absous. De plus, elle évite la répétition d'un procès qu'un plaideur, animé de l'esprit de chicane, n'essaie pas d'agiter à nouveau dans la crainte d'être ainsi repoussé par voie d'exception. Reste le cas, probablement très rare, où le défendeur omet de faire insérer *in jure* dans la formule l'exception tirée d'un précédent procès. Dans ce cas, à vrai dire, il ne peut échapper à la condamnation. Mais n'a-t-il pas, au moins, une grave négligence à se reprocher ? Même ici, il finit par avoir comme dernière ressource pour éviter une sentence de condamnation, la possibilité d'obtenir du préteur, par voie de *restitutio in integrum*, une nouvelle formule dans laquelle il fera insérer cette fois l'exception qui lui permettra d'être renvoyé absous (1).

La durée du *judicium legitimum* est, ainsi que nous le savons, perpétuelle en principe (2), avant d'être limitée à dix-huit mois par une des *leges Juliæ judiciariæ*, de telle sorte que, la formule une fois délivrée par le magistrat, le demandeur a devant lui un délai illimité pour poursuivre son affaire. Il pourra désormais, quand bon lui semblera, se présenter devant le *judex* pour entendre prononcer la sentence. Il peut même ainsi se trouver dans une situation meilleure, après avoir obtenu une formule, qu'avant d'engager son procès. Tel sera le cas où son droit d'action était de nature à s'éteindre par l'expiration d'un laps de temps, par exemple au bout d'un an (3). Il ne court donc aucun risque à se montrer négligent et à laisser traîner l'affaire en longueur. Toutefois, par cela même qu'il a intenté des poursuites, il a perdu le droit d'en recommencer de nouvelles de *eadem re*; il se trouve, pour le moins, exposé à voir ces dernières mises en échec par

(1) Cf. Gaïus, IV, 120 : *Dicuntur autem exceptiones aut peremptoriæ, aut dilatoriæ.* — 121 : *Peremptoriæ... velut... quod res....in judicium deducta est.* — 125 : *Sed peremptoria quidem exceptione si reus per errorem non fuerit usus, in integrum restituitur adjiciendæ exceptionis gratia.*

(2) Cf. *supra*, p. 104.

(3) Cf. à ce sujet Accarias, *Précis*, t. II, nº 925, p. 1144.

voie d'exception ; par suite il doit obtenir une sentence en vertu de la formule même qui, une fois pour toutes, lui a été délivrée.

Afin de bien comprendre quelle est exactement sa situation, il est nécessaire de distinguer deux périodes et, dans chacune d'elles, comment s'est produite la consommation de son droit d'action.

La première période s'étend de l'origine du système formulaire aux *leges Juliæ*, la seconde à partir de celles-ci.

Tant que la durée du *judicium legitimum* demeure illimitée, on ne voit pas quel intérêt pousserait le demandeur à introduire une nouvelle demande *de eadem re*. Peut-être agirait-il ainsi dans le but d'obtenir du préteur, soit la délivrance d'une formule plus avantageuse, soit la nomination d'un *judex* plus favorable, sans avoir à demander, pour cela, une *restitutio in integrum*. Si, en pareille occurence, le droit d'action a déjà été consommé *ipso jure*, le préteur, instruit de cette circonstance, refusera purement et simplement une seconde formule de *eadem re*. Si, dans l'ignorance de la chose, ce magistrat délivre la formule demandée, le *judex* constatera, dans l'examen de l'affaire, que le demandeur est dépourvu de tout droit d'agir, et le déboutera purement et simplement de sa demande. Si, à l'inverse, le droit d'action subsiste encore, mais est susceptible d'être paralysé par la voie d'une exception fondée sur les précédentes poursuites déjà intentées, le préteur délivre la formule en y insérant, sur la demande du défendeur, l'exception qui permettra à celui-ci de bénéficier d'une sentence d'absolution. Toutefois, la première formule, délivrée à l'origine, demeure valable, elle permet au demandeur d'obtenir du *judex*, à son profit, une sentence de condamnation contre son adversaire. Un cas, indiqué par Gaïus, peut enfin se présenter, dans lequel le demandeur aurait un intérêt évident à introduire une nouvelle demande *de eadem re*, ce cas est celui où une exception, simplement dilatoire, l'aurait empêché d'obtenir gain de cause, malgré le bien fondé de sa demande et sans en infirmer le bon droit.

Gaïus (IV, 123) : *Observandum est autem ei cui dilatoria objicitur exceptio, ut differat actionem : alioquin, si objecta exceptione egerit, rem perdit, nec enim, post illud tempus quo integra re evitare poterat, adhuc ei potestas agendi superest, re... per exceptionem perempta.*

L'espèce prévue par ce texte est la suivante : *Primus* intente des poursuites contre *Secundus*, mais, faute par lui d'avoir suffisamment examiné la cause, il les intente intempestivement, par exemple, soit avant l'expiration du délai dont il s'est engagé vis-à-vis de *Secundus* à attendre le terme, par un pacte de *non petendo intra tempus*, soit que ce dernier se trouve en ce moment en mesure de paralyser ses poursuites par une exception dilatoire *rei residuæ* ou *litis dividuæ*. En pareil cas, *Secundus* obtient du préteur l'insertion dans la formule d'une exception, en vertu de laquelle le *judex* le renvoie absous, ce qui termine l'affaire. Quant à *Primus*, il s'aperçoit trop tard de sa faute : une fois la formule délivrée il ne peut abandonner la suite du procès pour le reprendre plus tard en temps voulu, son droit d'action en effet, se trouve éteint de plein droit ou est, du moins, susceptible d'être paralysé par voie d'exception. *Primus* perd ainsi définitivement son procès, mais, par là, il supporte seulement, en fin de compte, la peine de sa propre faute, il n'aurait tenu qu'à lui, en retardant ses poursuites, d'arriver à ses fins.

En résumé, le demandeur qui a obtenu une formule n'a ici aucune raison légitime de recommencer l'action. Il a eu toutes facilités pour organiser son procès, pour obtenir du préteur la délivrance d'une formule et la nomination d'un juge. Il a de plus et surtout devant lui un laps de temps illimité qui lui permettra de réunir tous ses moyens de défense et, finalement, d'obtenir contre son adversaire une sentence de condamnation.

Nous avons supposé jusqu'ici perpétuelle la durée du *judicium legitimum*, mais la situation du plaideur va changer d'aspect avec les *leges Juliæ judiciariæ* dont les dispositions relatives à la péremption d'instance, venant se combiner avec les principes de la consommation du droit d'action, obligent le demandeur à poursuivre sans retard la solution de son procès sous peine de se trouver définitivement forclos. En effet, les *leges Juliæ* limitent la durée du *judicium legitimum* à dix-huit mois, en sorte que si, à l'expiration de ce laps de temps, la sentence n'est pas encore rendue, il est désormais trop tard pour continuer le procès. La formule, délivrée par le préteur, reste entre les mains du demandeur un instrument à l'avenir inutile, au moyen duquel il ne pourra plus obtenir une sentence (1). Est-ce à dire, cependant, que la procédure antérieurement accomplie *in jure* soit réputée non avenue, demeure nulle et de nul effet, de telle sorte que, faisant abstraction de son accomplissement, le demandeur auquel elle est désormais inutile, puisse l'entreprendre à nouveau dans le but d'organiser un second procès et de le pousser, cette fois-ci, jusqu'à la sentence ? En aucune façon, le demandeur ne peut plus, il est vrai, s'appuyer sur l'accomplissement de la première phase du procès en vue de continuer ses poursuites, mais, à l'inverse, le défendeur est fondé à s'en prévaloir pour solliciter du préteur soit le refus d'une nouvelle formule, soit l'insertion dans celle-ci d'une exception qui lui permettra d'obtenir du *judex* une sentence d'absolution. Le système des *leges Juliæ* arrive donc à produire des effets extrêmement graves au préjudice du demandeur, infiniment plus sérieux que ceux de la péremption d'instance, telle que nous la comprenons aujourd'hui. Non-seulement, en effet, la procédure *in jure* et la formule délivrée par le préteur lors de son achèvement, survenu avant l'expiration des délais, ne peuvent après cette époque servir en rien les intérêts du demandeur, mais encore elles se

(1) Gaius. IV, 104. *Supra*, p. 106.

retournent contre lui, lui interdisent d'introduire à nouveau la même affaire et le mettent dans l'alternative, également fâcheuse, ou de renoncer purement et simplement à la continuation de ses poursuites, ou de perdre son procès d'une façon certaine s'il tente de l'agiter à nouveau.

Ces conséquences se déduisent dans toute leur rigueur de la combinaison des règles des *leges Juliæ* sur la péremption d'instance avec le principe d'après lequel nul ne peut agir plus d'une fois de *eadem re*, principe qui, nous l'avons vu, a passé de la *Legis Actio* dans le *judicium legitimum* (1).

A l'origine du système formulaire, le *judicium legitimum* étant perpétuel, à l'exemple du procès régulièrement organisé suivant les principes du système antérieur, on avait été tout naturellement amené à appliquer à la nouvelle instance les règles prohibitives de sa réitération. Plus tard quand, au début de l'époque impériale, les *leges Juliæ* furent portées, elles ne modifièrent pas les règles alors en vigueur. Celles-ci se combinant avec les dispositions de ces lois entraînèrent les effets rigoureux que nous avons exposés.

Les *leges Juliæ* visaient sans doute la prompte expédition des affaires (2), en même temps elles avaient pour but de stimuler le zèle des plaideurs. Dès lors, en

(1) Cf. Eisele. *Abhandlungen*, p. 12, *Supra*, p. 131.

(2) Cf. En ce sens Eisele. *Op. cit.*, p. 41.

frappant d'une déchéance définitive le demandeur qui, dans les délais fixés, n'a pas terminé son procès, elles atteignaient du même coup leur double but. D'une part elles suppriment radicalement pour l'avenir un litige encore pendant qui ne pourra définitivement plus être agité, d'autre part elles donnent une sanction à leurs dispositions en punissant le plaideur négligent par la perte irrévocable de son procès.

D'ailleurs le délai de dix-huit mois ne fut sans doute pas choisi à la légère; si une loi *Julia* frappa ainsi le plaideur qui ne se serait pas mis en mesure d'obtenir une sentence au bout d'une année et demie, ce fut évidemment parce que ce laps de temps, à l'époque à laquelle cette loi fut rendue, était plus que suffisant pour conduire à bonne fin, dans les cas même les plus défavorables, un procès une fois intenté. Au reste le plaideur, de son côté, était averti longtemps à l'avance du danger qui le menaçait, danger dont l'échéance à date fixe était certaine et facile à calculer; à lui donc de s'organiser en conséquence et de l'éviter par son activité. En aucun cas il n'a le droit de se plaindre, car il ne peut jamais être surpris à l'improviste; si l'échéance du délai l'atteint *pendente lite*, il doit s'accuser lui-même de son imprévoyance et se trouve, en dernière analyse, simplement puni, par sa forclusion, de sa propre faute.

B. — Extinction dans le *Judicium imperio continens*.

Le *judicium imperio continens* est une procédure, organisée par le préteur, qui prend uniquement dans l'autorité de celui-ci sa valeur et sa raison d'être.

Elle n'a pas été créée par la loi *Æbutia*, pas plus d'ailleurs que le système formulaire lui-même, l'activité seule du préteur est en la source. Ce magistrat organise ainsi un procès entre pérégrins, alors que ceux-ci ne sauraient trouver aucun appui dans le *jus civile* et ce procès revêt toujours la forme du *judicium imperio continens* (1).

A l'inverse du *judicium legitimum*, le *judicium imperio continens* ne représente pas dans le nouveau système la procédure régulièrement organisée d'après les règles du *jus civile*. Il n'y avait donc pas lieu d'étendre et on n'étendit pas en fait dans son domaine les effets importants du *judicium legitimum*. Nous avons déjà remarqué à ce sujet deux différences relatives à la constitution d'usufruit (2) et à la vertu de l'*adjudicatio* (3), le moment est venu d'en exposer une troisième plus profonde encore, relative celle-ci à la consommation du droit d'action.

(1) Cf. *supra*, p. 98 et p. 111 texte et note 1.

(2) Cf. *supra*, p. 96.

(3) Cf. *supra*, pp. 114-115.

Nous avons vu que, selon toute vraisemblance, il n'y avait pas lieu en ce qui concerne le *judicium legitimum*, de rattacher à la *Litis Contestatio*, en tant qu'acte formel et destructif, la consommation du droit originel d'action (1). Bien au contraire cette consommation résulte de l'accomplissement de la procédure *in jure*, accomplissement dont le terme coïncide avec la *Litis Contestatio* elle-même. Il nous faut aller plus loin au sujet du *judicium imperio continens* et dire, qu'au moins à l'origine du système, la consommation du droit d'action du demandeur, n'a été rattachée ni directement ni indirectement à l'accomplissement de la première phase du procès, en sorte qu'ici la règle, *bis de eadem re ne sit actio*, en elle-même directement inapplicable à la procédure formulaire, n'a pas été indirectement appliquée par le préteur.

Il ne faudrait pas donner pour motif que la règle, en vertu de laquelle nul n'avait été admis à *lege agere* plus d'une fois *de eadem re*, demeura sans influence sur le *judicium imperio continens*, parce qu'elle ne visait pas le système formulaire. En effet, l'idée d'où elle procédait, à savoir l'importance attachée par les Romains à prohiber la réitération d'une procédure organisée d'après la loi, continua néanmoins, dans le *judicium legitimum*, à rendre impossible, *ipso jure*, l'introduction

(1) Cette pensée a été développée par BEKKER. *Die Processualische Consumptio* ; on la trouvera très bien mise en lumière dans l'intéressante analyse de son livre faite par Bruns : *Kleinere Schriften*, Weimar, 1882, t. II, pp. 328 et ss.

d'une nouvelle demande *de eadem re*, de plus elle conduisit le préteur, dans les cas où, *jure civili*, cette introduction restait possible, à empêcher celle-ci de produire aucun effet.

Les raisons pour lesquelles la réitération d'un *judicium imperio continens* ne fut pas en principe prohibée, nous paraissent devoir se répartir en deux classes distinctes.

En premier lieu, le principe,d'après lequel un second procès *de eadem re* est impossible,ne touche que les procédures régulièrement organisées d'après le droit civil; à ce titre déjà il ne saurait donc s'étendre de plein droit au *judicium imperio continens*, à cause de la nature même de ce dernier (1).Cela résulte nettement du texte suivant d'Ælius Donatus, *ad Terentium* :

Actum est secundum jus civile, in quo cavetur ne quis rem actam apud judices repetat (2),

(1) Cf. *supra*, p. 112.

(2) Il est bon d'observer que le terme *judices* tend de plus en plus à englober les magistrats au IV° siècle, époque à laquelle appartient ce texte. Nous pensons utile de citer le *Commentaire* d'Ælius Donatus avec les vers de Térence auquel il se rapporte, *Andriæ*, actus III, scena I, versus VII et VIII :

Simo.................. *O Juppiter !*

Quid ego audio? Actum est, siquidem hæc vera prædicat.

Donati Comm. — *Actum est. In summa rerum desperatione ponitur. Actum est, ilicet, periisti. Hæc res secundum jus civile dicitur, in quo cavetur ne quis rem actam apud judices repetat. Sic ipse in Phormione, actum aiunt, ne agas.* — Cf. Publii Terentii Carthaginiensis Afri Comædiæ sex. *Accedunt.... Ælii Donati Commentarius integer.* — Lugd. Batavorum (Leyde), A° 1657, p. 74.

dans lequel les mots : *secundum jus civile*, indiquent clairement les limites propres de son champ d'application.

En second lieu, le préteur ne suivit pas, à l'égard du *judicium imperio continens*, une marche parallèle à celle que nous avons étudiée à l'occasion du *judicium legitimum*. Ici comme là, au moins dès l'origine du système formulaire, il ne rendit pas inefficace par voie d'exception, la réintroduction d'une demande restée encore possible *jure civili*. Par suite le demandeur, dont le procès constitue un *judicium imperio continens*, peut introduire sa demande, la pousser même jusqu'à la délivrance de la formule et à ce moment abandonner son affaire, sans perdre pour cela la faculté d'agir à nouveau et de recommencer des poursuites *de eadem re*. Cette situation, dans laquelle s'est trouvée d'abord le plaideur, a été plus tard modifiée ainsi que nous l'attestent les *Commentaires* de Gaïus.

Afin de rester exact, nous aurons donc à distinguer, au cours de nos recherches sur la consommation du droit d'action dans le *judicium imperio continens*, deux périodes dont la ligne de démarcation se place à une date incertaine, antérieure en tout cas à Gaïus et vraisemblablement contemporaine des *leges Juliæ judiciariæ*, à moins que ces lois n'aient contenu elles-mêmes une disposition à laquelle il faudrait alors rapporter la modification des principes précédemment en vigueur. Nous sommes ainsi amené à examiner successivement dans chacune des deux périodes que nous venons d'indiquer les alternatives diverses par lesquelles passe le demandeur au cours des différentes phases du procès. Nous conformant à l'ordre chronologique, nous commencerons à examiner dans quelle situation il se trouve, en premier lieu après avoir obtenu la formule, pendant l'espace de temps qui s'écoule entre la fin de la procédure *in jure* et le début de la procédure *in judicio,* et en second lieu postérieurement à la fin de la procédure *in judicio*, après le prononcé de la sentence.

Le plaideur qui a obtenu une formule du préteur à l'occasion d'un *judicium imperio continens* a devant lui, nous le savons, pour terminer son procès et obtenir une sentence, non pas un délai fixe et déterminé, comme dans le cas d'un *judicium legitimum*, mais au contraire, un délai variable suivant les circonstances et de plus aléatoire et incertain.

Une fois en possession de la formule, il est mis à même d'obtenir une sentence. Supposons que, pour une raison ou pour une autre, cette sentence n'ayant pas été rendue, il vienne à introduire de nouveau la même demande afin d'obtenir du préteur une nouvelle formule *de eadem re* et examinons alors quelle sera sa situation.

Ici, il est nécessaire de distinguer deux cas: ou bien le demandeur agit à nouveau pendant que la première formule est encore valable et lui permet, en conséquence, de terminer le premier procès ; ou bien il intente le second procès après la sortie de charge du magistrat dont il tient la formule, par suite à un moment où cette première formule, devenue sans valeur entre ses mains, n'est plus pour lui d'aucune efficacité.

Dans la première hypothèse, tant que dure la validité de la formule, c'est-à-dire aussi longtemps que le préteur dont elle émane demeure en fonctions, le plaideur ne sera pas admis à redemander une nouvelle formule *de eadem re* ; plus exactement, comme son droit d'action n'est pas éteint par l'accomplissement de la première phase du procès, ni par la *Litis Contestatio* qui s'est produite (1), le préteur délivrera une seconde formule en y insérant au profit du défendeur une exception par laquelle il donne au second *judex* l'ordre de vérifier si la question agitée devant lui ne fait pas, en ce moment même, l'objet d'un *judicium imperio continens* encore pendant. Dans l'affirmative, il lui enjoint de débouter le demandeur des fins de sa plainte, en sorte que, par là même, l'exception ainsi accordée est une simple exception de litispendance.

Dans la seconde hypothèse, le plaideur n'a pas poursuivi son procès jusqu'au prononcé de la sentence avant la fin des fonctions du magistrat devant lequel s'était déroulée la première phase de la procédure, en sorte que la formule primitivement délivrée n'est plus d'au-

(1) En ce sens WLASSAK. *Römische Processgesetze*, t. II, § 33, p. 227 et surtout § 39, p. 355, où l'auteur s'exprime très nettement, dans les termes suivants : *Vernichtet wird die Actio... blos durch legitime Contestation, nicht durch Begründung eines Judicium Imperio continens.*

cune utilité pour lui. En pareil cas il demande et obtient purement et simplement une seconde formule *de eadem re*, sa délivrance ne pourra en aucune façon être critiquée par le défendeur et celui-ci ne pourra y faire insérer à son profit aucune exception basée sur les précédentes poursuites restées inachevées.

Nous pouvons supposer, enfin, que le premier procès ait été poussé jusqu'au bout et qu'une sentence ait été prononcée; dans ce cas, mais dans ce cas seulement, la faculté d'agir une seconde fois *de eadem re* sera évidemment refusée au demandeur, de telle sorte que la consommation du droit originel d'action sera réalisée pour la première fois postérieurement à la sentence et comme conséquence de celle-ci. A ce moment-là le procès sera définitivement terminé (1).

Nous devons ici examiner deux textes propres à corroborer les idées qui viennent d'être émises, à savoir deux fragments tirés, l'un d'une loi agraire, l'autre d'un plaidoyer de Cicéron.

Le fragment de loi agraire doit être rapporté à l'année 643 *a. U.c.*, il appartient à une des trois lois qui, au témoignage d'Appien, furent portées contre Gracchus, soit à la seconde, la *Lex Thoria*, comme on l'a pensé longtemps à la suite de Rudorff, soit plutôt à la troisième. En tous cas, cette loi, après avoir, dans sa ligne 37, posé les éléments constitutifs d'un *judicium re-*

(1) Sauf, bien entendu, le cas où la sentence elle-même viendrait à être infirmée, au cas d'une *restitutio in integrum*, par exemple.

cuperatorium, indique, dans les termes suivants, au magistrat lui-même quels ordres il devra donner aux récupérateurs :

L. 38. *Quei supererunt tres pluresve, eos primo quoque die de ea re judicare jubeto quæ res soluta non siet inve judicio non siet, judicatave non siet, quod ejus prævaricationis causa... vel per dolum malum petitorum patronorumve factum non siet* (1).

En vertu de ce texte le magistrat doit donc prescrire aux récupérateurs d'examiner, avant de statuer sur le bien fondé de la demande, les trois points suivants : s'il n'y a pas eu paiement : *quæ res soluta non siet* ; si l'affaire n'est pas actuellement *in judicio* : *inve judicio non siet* ; enfin s'il n'y a pas déjà chose jugée : *judicatave non siet.*

Il s'agit ici, remarquons-le, d'une affaire constituant un *judicium imperio continens*, puisqu'elle est de la compétence des récupérateurs ; ceci étant, ces derniers devront écarter la demande, s'il y a eu paiement, si la question soumise à leur examen a déjà été définitivement tranchée et qu'il y ait à son sujet chose jugée, enfin, et c'est là ce qui nous intéresse pour le moment, si la *res est in judicio*. Or, une affaire est *in judicio* aussi longtemps qu'elle est l'objet d'un *judicium* vala-

(1) Bruns. *Fontes Juris romani antiqui*. 5e édition, Fribourg-i-B. 1887, p. 79. — Girard. *Textes de Droit romain*, Paris 1895. 2e édition, p. 49, *in fine*, p. 50. Les mots : *inve judicio* sont restitués. Cette restitution est celle de Bruns et de Girard. Il y a d'ailleurs unanimité sur la lecture des mots *inve judicio*, lus par Rudorff et à sa suite par Mommsen et Bruns. Cf. à ce sujet Eisele : *Abhandlungen*, p. 20.

ble organisé à son sujet ; elle cesse d'être *in judicio* au cas d'un *judicium imperio continens* dont il s'agit ici, dans deux circonstances seulement : en premier lieu après la fin normale du *judicium*, c'est-à-dire après le prononcé de la sentence, en second lieu après l'extinction indirecte du *judicium* entraînée par l'échéance du terme des fonctions publiques dont était revêtu le magistrat en délivrant la formule. Il en résulte que les termes *res in judicio est* ne peuvent pas s'appliquer à une affaire postérieurement à l'extinction définitive du *judicium*, pour la raison bien simple qu'à partir de cet instant il n'y a plus *de judicium*. Par suite, les récupérateurs auront à débouter le plaideur de sa demande comme étant actuellement *in judicio*, dans les cas seulement où cette demande fait en ce moment même l'objet d'un procès en cours. Par conséquent les mots *eos de ea re judicare jubeto... quæ res in judicio non siet*, se réfèrent purement et simplement à une exception de litispendance. Les récupérateurs devront renvoyer le demandeur des fins de sa plainte, non pas parce que son droit d'action est éteint à la suite d'une précédente procédure *in jure*, mais simplement parce que la question à eux posée est actuellement pendante d'autre part et en état de recevoir une solution. Si, à l'inverse, alors que le premier procès était encore pendant, le *judicium* était venu à s'éteindre avant le prononcé de la sentence, le plaideur restait libre de l'agiter à nouveau et ne courait aucun risque de voir sa demande écartée à raison seulement du précédent procès, car elle n'était ni *in judicio*, puisqu'il n'y avait plus de *judicium*, ni *judicata*, puisque la sentence n'avait pas été rendue. Restait, bien entendu, le cas où il y aurait eu *res soluta*, le défenseur s'étant libéré, cas auquel ce dernier devait évidemment être absous, mais cela ne nous intéresse guère ici. Nous nous sommes seulement proposé de bien mettre en évidence et de faire ressortir du texte cité que la consommation du droit d'action n'est pas produite, dans un *judicium imperio continens*, par l'accomplissement de la procédure *in jure*. De plus, cette extinction est ici entraînée par la sentence à dater de laquelle le demandeur n'est plus recevable à agir de nouveau, puisque — cela ressort encore nettement du fragment de la loi agraire — sa demande doit être écartée si une sentence précédente a déjà été rendue à son sujet : *eos de ea re judicare jubeto... quæ res judicata non siet* (1).

Un fragment tiré du plaidoyer de Cicéron pour Flaccus nous offre un argument d'espèce propre à confirmer la doctrine que nous avons exposée.

Un certain Héraclides de Temnos, témoin à charge du client de Cicéron, Flaccus, se trouvait être débiteur d'Hermippus, lequel, après avoir garanti le remboursement d'un prêt consenti à Héraclides par les Fufius avait dû payer aux lieu et place du débiteur principal (2). Héraclides, poursuivi alors par Hermip-

(1) EISELE. *Abhandlungen*, pp. 19 et ss.

(2) Cf. CICÉRON, *Pro Flacco, cap.* 20, § 46 et ss. *M. Tulli Ciceronis orationes. Recognovit* Müller. *Lipsiæ* 1847, pp. 407-408.

pus et condamné, n'exécute pas la sentence ; Hermippus est ainsi amené à s'assurer de lui. Afin de recouvrer la liberté, il cède alors quelques esclaves à son créancier et se réfugie à Rome. Peu après il revient en Asie, introduit contre Hermippus, devant le frère de Cicéron, une demande en restitution de ses esclaves, qu'il a, dit-il, vendus par force, mais il échoue. Cependant il n'abandonne pas son but et Hermippus étant venu, sur ces entrefaites, à céder à son tour les esclaves litigieux au sénateur Plotius, il tente à nouveau de se les faire attribuer au préjudice de Plotius, en soutenant que la vente, faite par lui à Héraclides, a été entachée de violence : *per vim vendidisse dicebat.* C'est à ce second procès que se rapporte le texte de Cicéron dont nous nous proposons de tirer argument.

Pro Flacco, cap. 20, § 50 : *Quintus Naso, vir ornatissimus, qui prætor fuerat, judex sumitur. Qui cum sententiam secundum Plotium se dicturum ostenderet, ab eo judice abiit et, quod judicium lege non erat, causam totam reliquit.*

Ainsi Héraclides, pressentant qu'il va de nouveau perdre son procès, abandonne l'affaire et se retire; la raison de cet abandon, donnée par Cicéron, se trouve dans la nature même du *judicium*, qui n'est pas *legitimum* : *quod judicium lege non erat.* Héraclides peut ainsi abandonner la suite de son affaire, parce que le *judicium* est *imperio continens.* Cicéron, en nous le faisant expressément observer, indique par là même une particularité de ce *judicium.* Héraclides n'aurait pas agi de même si le *judicium* eût été *legitimum*, car, dans cette dernière hypothèse, son droit d'action se fût trouvé définitivement éteint ou, au moins susceptible d'être paralysé par l'*exceptio rei in judicium deductæ*. Or, ici, le demandeur étant un pérégrin, l'instance constitue tout naturellement un *judicium imperio continens* ; si Héraclides abandonne ainsi l'instance organisée, ce n'est évidemment pas afin de perdre son procès, mais bien, comme le fait remarquer M. Eisele (1), dans le but d'éviter une sentence probablement défavorable pour lui, terminant définitivement l'affaire. Au contraire, en abandonnant le procès, comme le *judicium* est précisément *imperio continens*, il conserve la possibilité d'agir à nouveau. En effet, le droit d'action qu'il croit posséder ne pourrait être paralysé plus tard qu'au moyen d'une exception tirée d'une sentence rendue à la fin du premier procès, non en vertu d'une exception tirée de l'accomplissement de la première phase de la procédure. Héraclides use ainsi de ce stratagème dans l'espoir d'obtenir plus tard une sentence conforme à ses désirs, au cas où une occasion favorable pour lui viendrait à se présenter.

La théorie que nous venons d'exposer n'est pas celle que nous enseigne Gaïus. Est-ce à dire qu'elle soit inexacte et doive, *a priori*, être rejetée? Nous ne le pensons point. En effet Gaïus, immédiatement après avoir traité de la procédure des *Legis Actiones*, nous entre-

(1) *Abhandlungen*, p. 17, texte et note 9.

tient de celle qui a succédé à la loi *Æbutia* et aux *leges Juliæ*.

Gaïus IV, 30 : *Itaque per legem Æbutiam et duas Julias sublatæ sunt istæ Legis Actiones ; effectumque est ut per concepta verba, id est, per formulas litigaremus.*

Par suite, l'état de choses qu'il nous dépeint est postérieur aux *leges Juliæ*, il ne nous dit rien de toute la période qui s'est écoulée depuis l'abandon des *Legis Actiones* jusqu'à ces lois. Or, les idées que nous avons émises s'appuient sur des textes antérieurs aux *leges Juliæ* et rien ne nous paraît s'opposer à ce que des modifications importantes aient pu se produire au cours des deux siècles environ qui séparent Cicéron de Gaïus (1).

Avant d'examiner les différentes situations dans lesquelles se trouve le plaideur au cours du procès, postérieurement aux modifications qu'ont subies les principes précédemment exposés, il est utile de jeter un coup d'œil sur les considérations qui ont ainsi déterminé le préteur à étendre, par voie d'exception, au *judicium imperio continens* la théorie de la consommation du droit d'action, telle que nous l'avons étudiée dans ces *judicia legitima* relatifs à une action réelle ou ayant une formule *in factum concepta*.

Une raison très grave, toute d'équité, avait empêché, à l'origine du système formulaire, de rattacher la consommation du droit d'action à l'accomplissement de la

(1) Cf. en ce sens Eisele, *Abhandlungen*, p. 35.

procédure *in jure* dans le domaine du *judicium imperio continens*, cette raison n'était autre que la durée incertaine et aléatoire de ce *judicium* (1). Sans doute, le droit civil s'opposait à la réintroduction d'une demande de *eadem re*, mais, en même temps qu'il interdisait au plaideur d'agiter à nouveau le même procès, il lui donnait, d'autre part, en compensation, un délai, tout d'abord illimité, pour obtenir une sentence; quand, plus tard, une des *leges Juliæ* vint réduire ce délai à dix-huit mois, du moins ces dix-huit mois constituèrent-ils un laps de temps dont la durée était certaine. Bien au contraire, le plaideur n'avait aucun moyen de connaître par avance d'une façon positive le terme du *judicium imperio continens* qu'il organisait, terme dont l'échéance ne lui permettra plus de continuer ses poursuites. Dans ces conditions, faire coïncider avec l'instant de la *Litis Contestatio* le moment où se produit la consommation du droit d'action, c'eût été, en définitive, aboutir à un véritable déni de justice, c'est pourquoi nous avons été amené tout naturellement à conclure, en nous appuyant sur des textes remontant aux débuts de la procédure formulaire, que la consommation du droit d'action dans le *judicium imperio continens* avait été à l'origine rattachée à la sentence.

Mais, plus tard, la *restitutio in integrum* devenait une voie à laquelle pouvait, sans doute, recourir le demandeur injustement privé de son droit d'action (2).

(1) Cf. *Supra*, pp. 116 et ss.

(2) Cf. en ce sens M. Tardif, *Op. cit.*, p. 246. — M. Penet (*Du*

Cette voie extraordinaire suppose, en effet, l'absence de toute autre, son but est de remédier à un préjudice causé par le jeu des règles juridiques (1). Or, telle est précisément la situation où se trouve ici le demandeur : il n'a aucun autre moyen d'obtenir une nouvelle formule *de eadem re* pour échapper au préjudice que lui cause la fin soudaine du *judicium* en cours.

A vrai dire, nous ne trouvons pas expressément mentionné au *Digeste*, au titre de la *restitutio in integrum* visant les majeurs de vingt-cinq ans (L. 1, § 1 D. IV, 6), que ces derniers puissent recourir à cette voie exceptionnelle au cas de l'extinction prématurée d'un *judicium imperio continens*. Mais, en premier lieu, ce cas particulier pouvait être certainement au nombre de ceux non spécialement indiqués par l'édit, car il est tout à fait de nature à être compris dans la formule générale que nous indique Ulpien : *Item si qua alia mihi causa justa esse videbitur, in integrum restituam*. S'il ne se trouve pas spécialement indiqué, c'est qu'au témoignage d'Ulpien lui-même, une multitude de cas peuvent se produire qui ne sauraient être un à un énumérés (L. 26, § 9, D. IV, 6) : *Multi enim casus evenire potuerunt qui deferent restitutionis auxilium, nec singulatim enumerari potuerunt*. En second lieu, comme le fait très justement ob-

Judex unus. Grenoble, 1883, p. 110), admet que le plaideur peut obtenir une nouvelle formule par voie de *restitutio in integrum*.

(1) Cf. Girard. *Manuel*, p. 1032.

server M. Eisele (1), l'hypothèse spéciale de *restitutio in integrum* qui nous intéresse était devenue sans objet à l'époque de Justinien ; il est très vraisemblable que les compilateurs du *Digeste* l'aient alors purement et simplement passée sous silence. Du reste, fait observer Schwalbach, au cas où la sentence aurait été injustement rendue, il est au moins un texte de Paul qui reconnaît expressément au demandeur la faculté d'introduire une nouvelle demande *de eadem re :*

Paul (*Sent.* V., 5 a, § 10) : *Falsis instrumentis religione judicis circumducta, si jam dicta sententia prius de crimine admisso constiterit, ejus causæ instauratio jure deposcitur* (2).

De la sorte, le plaideur agit *ex integro*, néanmoins la demande a formé l'objet d'une procédure *in jure* régulièrement organisée, puisqu'une sentence a été prononcée. Par cela même la *restitutio in integrum* est évidemment accordée, non-seulement pour remédier à la consommation du droit d'action entraînée par la sentence, mais aussi, en même temps, contre celle qui s'est produite en suite de l'accomplissement de la procédure *in jure*.

D'un autre côté, dès le début de l'Empire, Auguste augmente le personnel judiciaire en créant une qua-

(1) *Abhandlungen*, p. 42, note 26.

(2) Cf. Schwalbach. *Zsavst R. A.*, t. VII, pp. 113 et ss. Notamment pp. 125 et 131. Nous laissons de côté une partie des textes, cités par l'auteur, qui se réfèrent à la procédure des *Cognitiones*, comme le fait observer M. Eisele. *Op. cit*, pp. 9 et 49.

trième décurie (1) à laquelle bientôt après Caligula vint en ajouter une cinquième (2).

Par suite de ces mesures, la durée des procès se trouvait fort diminuée ; au cas d'un *judicium imperio continens*, le plaideur se trouvait dans une situation d'autant plus favorable qu'il avait ainsi plus de chances d'en arriver promptement à une sentence. Il courait moins de risques de supporter les conséquences funestes entraînées par l'extinction prématurée de l'instance en cours. Que Caligula ait eu précisément en vue de remédier aux inconvénients entraînés par l'extension dans le domaine du *judicium imperio continens* de la théorie de la consommation du droit d'action, cela paraît surtout très vraisemblable si l'on admet, avec M. Accarias(3), que la cinquième décurie, créée par cet empereur, se recrutait parmi les pérégrins ; car alors les membres de celle-ci avaient précisément pour mission de terminer, en prononçant leur sentence, des *judicia imperio continentia*.

En vertu de ces diverses modifications, le plaideur diligent se trouvait de moins en moins exposé à la perte irrévocable de son procès survenu sans sa faute ; néanmoins il n'était plus à l'abri de tout danger, car telle circonstance pouvait se produire dans laquelle la fin imprévue et intempestive d'un *judicium imperio conti-*

(1) Cf. Accarias. *Précis*, t. I, n° 738, p. 663. — Eisele. *Abhandlungen*, p. 43. — Suétone. *Oct. Aug.*, 32.

(2) Suétone. *Caligula*, 16. — Pline l'Ancien, XXXIII, 8.

(3) Cf. Accarias. *Loc. cit.*, p. 664, note 1.

nens pouvait arriver à le dépouiller de son droit, même le mieux établi. Que si, malgré cette *inelegantia juris*, le principe de la consommation du droit d'action, rattachée à l'accomplissement de la procédure *in jure*, finit par être étendu également au *judicium imperio continens*, ainsi que Gaïus nous l'atteste, ce fut sans doute et surtout pour une raison d'ordre public, afin de diminuer l'encombrement des tribunaux, devenu tel qu'il importait d'y porter remède. Mais, en même temps le plaideur trouvait, à côté de la rigueur des principes, dans de nouvelles dispositions, tout à la fois, la possibilité d'obtenir promptement une sentence et, sans doute aussi, une voie de recours contre la perte injustifiée de son procès.

Enfin, si la formule délivrée par le préteur est de nature à léser les intérêts du demandeur, la situation n'est cependant point sans remède. En pareil cas, la partie lésée pourra se pourvoir contre la délivrance de la formule en provoquant l'*intercessio* d'un autre magistrat (1).

L'extinction du droit originel d'action ne pouvait, en aucune façon, se produire *ipso jure* dans un *judicium imperio continens*; nous avons examiné quelles en étaient les causes (2) et n'avons pas à revenir sur ce sujet.

Toutefois cette extinction fut cependant rendue efficace par le préteur *ope exceptionis*, d'une façon absolu-

(1) Cf. PENET. *Op.cit.*, pp. 109-110 — M. GIRARD. *Manuel*, p. 1018, fait précisément remarquer que l'appel s'appliquait tout spécialement aux décisions rendues par les magistrats.

(2). Cf. *supra*. pp. 114-187-188.

ment générale et dans tous les cas. Gaïus nous l'indique avec une précision qui ne peut laisser place après elle à aucun doute, (IV, 106):

Et si quidem imperio continenti judicio actum fuerit, sive in rem, sive in personam, sive ea formula quæ in factum concepta est, sive ea quæ in jus habet intentionem, postea nihilominus ipso jure de eadem re agi potest, et ideo necessaria est exceptio rei judicatæ vel in judicium deductæ.

Ainsi, il n'y a aucun intérêt à établir ici une distinction entre l'action personnelle et l'action réelle, la formule conçue *in jus* et la formule conçue *in factum.* Dans tous les cas, malgré un précédent procès *de eadem re*, le droit d'action persiste à appartenir au demandeur qui peut, en conséquence, demander et obtenir une nouvelle formule. Le défendeur, de son côté, peut, d'après Gaïus, contrairement à ce qui, selon nous, avait lieu au début du système formulaire, demander et obtenir à son tour l'insertion dans la formule d'une exception qui lui permettra de bénéficier, en dernière analyse, d'une sentence d'absolution. La situation respective des parties en cause se trouve ainsi être, au temps de Gaïus, absolument la même, qu'il s'agisse d'un *judicium imperio continens* ou d'un *judicium legitimum* organisé à l'occasion d'une *actio in rem*, ou même d'une action personnelle, si la formule est conçue *in factum.*

Nous estimons inutile de revenir sur cette question déjà examinée à l'occasion du *judicium legitimum.*

Dans les trois cas la consommation du droit d'action

se produit absolument de même : la première procédure *in jure* a laissé intact le droit du demandeur d'agir à nouveau, mais il dépend du défendeur de faire insérer dans la seconde formule, délivrée par le préteur, une exception péremptoire au moyen de laquelle la demande de son adversaire se trouvera paralysée.

Toutefois la situation du demandeur, dans les deux cas où il s'agit d'un *judicium legitimum*, est plus avantageuse que dans le troisième où le *judicium* organisé se trouve *imperio continens*, à cause de la durée même de ces différents *judicia*, non pas seulement parce que celle du premier est de six mois supérieure à la plus longue que puisse avoir le second, mais surtout parce que, dans l'un, le plaideur connaît à l'avance le terme des dix-huit mois, tandis que, dans l'autre, telle circonstance pourra se produire qui entraînera l'extinction prématurée du *judicium* organisé.

L'extinction du *judicium* rend définitive la consommation du droit d'action, si on fait coïncider celle-ci avec le dernier instant de la procédure *in jure*, il en résulte que le demandeur peut, à l'improviste, dans le cas d'un *judicium imperio continens*, se trouver dépouillé de ce droit. Nous avons vu que des dispositions spéciales ont été prises au commencement de l'époque impériale pour prévenir ce résultat ; d'autre part, si l'on admet ici, comme nous le proposons, la *restitutio in integrum*, quand malgré tout il s'est produit, le demandeur trouve dans cette voie exceptionnelle un moyen d'écarter les effets désastreux qu'il entraîne à son égard.

Il est, dès lors, plus admissible que la consommation du droit d'action, afin d'en unifier autant que possible la théorie, ait été rattachée par voie d'exception au *judicium imperio continens*. Au point de vue pratique, cette unification tendait à augmenter la rapidité de la justice. Cet avantage parut sans doute l'emporter sur les inconvénients qui pouvaient résulter de son application ; d'ailleurs on mettait en même temps le plaideur en état, soit de les prévenir, soit même de les écarter une fois survenus.

A quel moment cette modification se produisit-elle ? Nous avons vu qu'elle se place entre Cicéron et Gaïus, et nous pensons qu'elle doit être placée au début de l'Empire, époque à laquelle la procédure fut si profondément remaniée, ainsi que l'organisation judiciaire. M. Eisele (1) tendrait à supposer qu'elle prend sa source dans la disposition même des *leges Juliæ*, organisant la péremption d'instance dans le domaine du *judicium legitimum* ; cette hypothèse, très heureuse, étant donnée la connexité de ces deux points, n'a en elle-même rien qui vienne, sinon la confirmer, du moins la contredire.

(1) *Op. cit.*, p. 64.

§ VI. — Instruments de la consommation du droit d'action.

Nous avons examiné jusqu'ici, au cours de cette étude sur la consommation du droit d'action, dans quelles circonstances celle-ci se produisait; nous avons vu que, le plus souvent, le défendeur devait recourir à une exception pour paralyser une nouvelle demande *de eadem re* dirigée contre lui et bénéficier d'une sentence d'absolution. Il nous reste à examiner maintenant quel est l'instrument dont se servira le défendeur ou, si mieux on aime, à quelle exception il devra recourir pour éviter une sentence de condamnation dans les cas où la consommation du droit originel d'action n'ayant pas eu lieu *ipso jure*, le demandeur peut encore introduire de nouveau une demande *de eadem re*.

En nous conformant à la théorie que nous avons exposée plus haut, il est facile de répondre, après avoir établi que deux exceptions différentes se trouvent ici en jeu.

La première à pour but d'écarter la nouvelle demande en raison de ce que l'affaire dont il s'agit a déjà formé précédemment l'objet d'une procédure régulièrement organisée dont la première phase a été accomplie, abstraction faite d'ailleurs de la suite du procès, qu'une sentence ait ou non été rendue; ce sera l'exception *rei in judicium deductæ*.

La seconde a également pour but d'écarter une

nouvelle demande *de eadem re*, mais elle se fonde, non plus sur la *deductio in judicium*, c'est-à dire sur l'organisation même du procès, mais bien sur la sentence qui l'aura terminé ; telle sera l'*exceptio rei judicatæ*.

L'*exceptio rei in judicium deductæ* ne serait, à l'origine, invoquée par le défendeur que dans les cas où il s'agit, pour lui, de paralyser une demande qui a déjà fait antérieurement l'objet d'un *judicium legitimum* relatif à un droit réel ou dans lequel la formule aurait été *in factum concepta*.

L'*exceptio rei judicatæ*, prise par le préteur urbain, soit dans l'édit du préteur pérégrin, soit dans celui du magistrat provincial (1), fut d'abord accordée par lui au défendeur qui cherchait à repousser une nouvelle demande de *eadem re* ayant déjà formé l'objet d'un *judicium imperio continens*, circonstance dans laquelle la consommation du droit d'action se trouvait, à l'origine, rattachée à la sentence. A côté d'elle, existait alors, toujours dans le même *judicium imperio continens*, une exception de litispendance *si ea res in judicio non est*, dont l'existence nous est révélée par la loi agraire de 643.

Plus tard, lorsque, dans un but d'unification, la consommation du droit d'action fut aussi, en ce qui concerne le *judicium imperio continens*, rattachée à l'accomplissement de la première phase de la procédure,

(1) En ce sens, EISELE, *Op. cit.*, p. 46.

l'*exceptio rei in judicium deductæ* fut également accordée ici au plaideur. Elle lui permettait de paralyser de nouvelles poursuites, quand, au sujet de celles-ci, un *judicium imperio continens* avait été déjà précédemment organisé. Tel est l'état de la question à l'époque de Gaïus, état qui s'est perpétué jusqu'à la fin de la procédure formulaire.

La coexistence des deux exceptions ou, pour mieux dire, leur concours, est un problème qui a paru à peu près insoluble à résoudre. En effet, si le défendeur peut écarter la demande dirigée contre lui, en établissant simplement que cette demande a déjà fait l'objet d'une procédure *in jure*, pourquoi aurait-il recours à l'*exceptio rei judicatæ* qui, elle, suppose, non seulement qu'un *judicium* valable ait été organisé, mais, de plus, qu'une sentence valable ait été rendue. Or, il est plus sûr d'alléguer une *deductio in judicium*, pure question de fait, que la validité d'une sentence. Dès lors, on ne voit pas du tout quelle pouvait être l'utilité de l'*exceptio rei judicatæ*, puisqu'elle était d'un usage plus dangereux que la première et que, de plus, chaque fois où elle pouvait être invoquée, l'autre le pouvait être également, car là où il y a *res judicata*, là aussi, *a fortiori*, il y a eu auparavant *res in judicium deducta*.

Le système que nous avons proposé sur la théorie de la consommation de l'action répond à ces difficultés, en donnant à chaque exception son domaine propre.

En effet, puisque dans le *judicium imperio continens*, la consommation a été, à l'origine, rattachée à la sentence, il s'ensuit que l'*exceptio rei judicatæ* était la seule qui pût être ici invoquée par le défendeur ; à côté d'elle se trouvait une exception de litispendance à laquelle celui-ci avait recours pour repousser de nouvelles poursuites intentées contre lui *pendente lite.* D'un autre côté, la consommation étant rattachée à l'achèvement de la procédure *in jure*, ou, si l'on veut, à la *Litis Contestatio* dans le *judicium legitimum*, ici l'*exceptio rei in judicium deductæ*, était la seule arme dont le plaideur pût user pour repousser définitivement une nouvelle demande de *eadem re*. Cette *exceptio rei in judicium deductæ*, avant l'organisation de la péremption des *judicia legitima*, n'était, en définitive, qu'une exception de litispendance, puisque la première formule restait perpétuellement, entre les mains du demandeur, une arme qui lui permettait d'obtenir une sentence. Au contraire, après les *leges Juliæ*, l'*exceptio rei in judicium deductæ*, opposée après l'expiration des délais, devenait une exception définitive, entraînant, avec elle, la perte irrévocable du procès actuel et du droit d'agir à nouveau dans l'avenir. De plus, lorsque l'on étendit l'*exceptio rei in judicium deductæ* au *judicium imperio continens*, celle-ci absorba l'*exceptio si ea res in judicio non est* qui disparut comme faisant, avec elle, double emploi. En effet tant que demeurait valable le *judicium* en cours, *l'exceptio rei in judicium deductæ* était ici, également, une simple exception de litispendance; une fois le *judicium* éteint sans qu'une sentence eût été rendue, après l'expiration des fonctions du magistrat qui l'avait organisé, l'*exceptio rei in judicium deductæ* devenait définitive, sauf le cas d'une *restitutio in integrum*, comme nous l'avons examiné plus haut. Au contraire, si une sentence avait été rendue, l'*exceptio rei judicatæ* continuait à jouer le même rôle qu'à l'origine, elle était, dans le domaine du *judicium imperio continens*, l'instrument de la consommation du droit d'action

Dans le *judicium legitimum*, au contraire, la consommation continua à être entraînée par l'organisation définitive du procès et à se produire, par suite, au moment où la *Litis Contestatio* avait lieu. L'*exceptio rei in judicium deductæ* demeurait ainsi l'instrument de la consommation du droit, c'est elle que devait opposer le défendeur pour paralyser le droit d'action de son adversaire quand il n'était pas éteint *jure civili*. Quant à l'*exceptio rei judicatæ*, elle avait pour but de faire valoir la *res judicata*. Elle jouait ainsi, non pas un rôle purement négatif, destiné à paralyser la nouvelle demande, mais, de plus, elle tendait à mettre en valeur le contenu même de la sentence rendue par le *judex*, d'où la maxime : *res judicata pro veritate habetur* (1).

La coexistence des deux exceptions : *rei judicatæ* et *rei in judicium deductæ*, question des plus obscures si l'on admet l'identité de but de l'une et de l'autre (2), se trouve, d'après ce qui précède, complètement expliquée.

(1) Cf. (L. 25, D. I. 5), Cogliolo *Trattato teorico pratico*, Liv. II, § 4, p. 78, et Keller, *Litis Contestatio und Urtheil*, § 27, *in fine* p. 220.

(2) Cf. Tardif, *Op. cit.*, p. 171.

En nous plaçant à l'époque de Gaïus, le défendeur oppose l'exception *rei judicatæ* dans les deux circonstances suivantes :

Quand le premier procès a constitué un *judicium imperio continens*, dans le cas où la sentence a été rendue.

Quand le premier procès a constitué un *judicium legitimum*, dans les cas où la sentence a été rendue, dans le but, non pas d'écarter simplement une seconde demande de *eadem re*, mais de faire valoir, de plus, à son profit, le contenu de la sentence prononcée par le *judex*.

Il a recours à l'exception *rei in judicium deductæ* dans les deux hypothèses suivantes :

Lorsque le premier procès a constitué un *judicium legitimum*, dans tous les cas où la consommation du droit d'action ne s'est pas produite *ipso jure*, sans qu'il y ait lieu de distinguer si une sentence a, ou non, été rendue. En l'opposant, le défendeur aura pour but, soit de repousser définitivement la prétention de son adversaire, si le premier *judicium* organisé contre lui se trouve éteint en vertu des *leges Juliæ*, soit de repousser la seconde demande, tout en laissant subsister la première, au cas où celle-ci n'est pas atteinte par la péremption de dix-huit mois.

Lorsqu'il s'agira d'un *judicium imperio continens*, dans le cas seulement où une sentence n'aura pas été rendue, afin de rendre efficace, soit la litispendance, si le *judicium* n'est pas éteint, soit, dans le cas contraire, la consommation définitive du droit d'action allégué contre lui.

En somme, il n'y a donc pas, à proprement parler, coexistence des deux exceptions, puisque, dans le seul cas où le plaideur peut recourir à la fois à l'une et à l'autre — cas d'un *judicium legitimum* terminé par la sentence — elles n'ont pas un but identique, comme nous l'avons exposé.

Mais Gaius, dans ses *Commentaires*, cite toujours simultanément les deux exceptions, sans établir aucune distinction, qu'il s'agisse d'un *judicium legitimum* ou d'un *judicium imperio continens* :

G. III, 181 : *Si imperio continenti judicio egerim... obligatio durat, et ideo ipso jure postea agere possum, sed debeo per exceptionem rei judicatæ vel in judicium deductæ summoveri.*

IV, 106 : *Et si quidem imperio continenti judicio actum fuerit... postea nihilominus ipso jure de eadem re agi potest, et ideo necessaria est exceptio rei judicatæ vel in judicium deductæ.*

IV, 107 : *At vero si legitimo judicio... vel in rem, vel in factum actum fuerit, ipso jure nihilominus postea agi potest, et ob id exceptio necessaria est rei judicatæ vel in judicium deductæ.*

IV, 121 : *Peremptoriæ sunt... velut... quod res judicata est, vel in judicium deducta est.*

Cette objection ne doit pas nous arrêter. Gaïus, dans les textes cités, se propose d'exposer les cas dans lesquels la consommation du droit d'action se produit *ipso jure* et de les distinguer de ceux où le demandeur doit recourir à une exception. Or, cette exception, sera, dans tous les cas, ou l'exception *rei judicatæ*, ou l'exception *rei in judicium deductæ*, cela dépendra, soit du but que le plaideur se propose d'atteindre, soit de la procédure précédemment accomplie. Au plaideur de se servir, selon les cas, de l'une ou de l'autre. En disant qu'il a les deux à sa disposition, Gaïus, dans son manuel pratique atteint son but qui est simplement de nous apprendre que, malgré la persistance, *jure civili*, du droit d'action chez le demandeur, le défendeur a cependant en son pouvoir un moyen de paralyser les prétentions de son adversaire par voie d'exception. Peu importe que ce soit l'*exceptio rei judicatæ*, ou bien, *vel*, comme le dit très clairement le jurisconsulte romain, l'*exceptio rei in judicium deductæ*. Ces deux exceptions sont citées à nouveau simultanément comme deux exceptions péremptoires, mais toujours distinctes. Par suite elles ne doivent pas être confondues, l'on ne peut les assimiler l'une à l'autre. Elles procèdent de principes différents, il est impossible de les fondre en une seule qui deviendrait alors l'*exceptio rei judicatæ vel in judicium deductæ*. Chacune des deux exceptions se base sur un état de cause distinct, chacune a son domaine propre, chacune enfin permet au plaideur qui l'oppose d'atteindre un but spécial bien déterminé.

L'*exceptio rei in judicium deductæ* a subsisté jusqu'à la fin du système formulaire; de fait elle était, dans le domaine du *judicium legitimum*, l'instrument par excellence de la consommation du droit d'action. Si, dans la compilation de Justinien, nous ne rencontrons plus que de faibles vestiges de l'*exceptio rei in judicium deductæ*, cela n'a rien qui doive nous surprendre. Cette exception correspondait, en effet, à des conceptions alors surannées, elle ne pouvait, à ce titre, trouver place dans une œuvre concernant le droit moderne du VIe siècle (1). A cette époque le système formulaire lui-même était depuis longtemps tombé dans l'oubli, le procès ne se divisait plus en deux phases ; il était, dès lors, matériellement impossible de rattacher à l'accomplissement de la première, la consommation du droit d'action.

Toutefois il existe, au *Digeste*, des traces de l'*exceptio rei in judicium deductæ*. Ainsi il est un texte où Ulpien se demande si le droit d'agir a été perdu après la *Litis Contestatio* :

(L. 18, § 3, D. XIII, 5) *Vetus fuit dubitatio, an, qui hac actione egit, sortis obligationem consumat ? Et tutius est dicere, solutione potius ex hac actione facta liberationem contingere, non litis contestatione.*

Qu'est ce à dire, sinon que, dans l'affirmative, le défendeur aurait été en mesure d'opposer à son adversaire l'*exceptio rei in judicium deductæ ?* La consommation ne pouvait ici se produire de plein droit, étant donné que l'action intentée, l'*actio pecuniæ constitutæ*, avait une formule *in factum concepta* (2)

(1) En ce sens, Tardif. *Op. cit.*, pp. 163-164.
(2) Cf. Lenel. *Edictum Perpetuum*, p. 199.

Dans d'autres textes, la main des compilateurs a laissé une trace évidente, l'*exceptio rei judicatæ* a pris la place qui appartenait à l'*exceptio rei in judicium deductæ*; cette interpolation est évidente dans le texte suivant de Paul, cité par M. Eisele (1):

(L. 23, D. XXVII, 3) *Convento herede tutoris judicio tutelæ, curatorem ejusdem neque ipso jure liberatum videri, neque exceptionem rei judicatæ ei dandam.*

Le pupille poursuit l'héritier de son tuteur par l'*actio tutelæ,* son curateur, nous dit Paul, n'est pas libéré par ces poursuites. Quant à l'exception dont il aurait pu se prévaloir, les mots *convento herede*, se rapportant à une instance pendante, indiquent clairement que ce n'aurait pu être que l'*exceptio rei in judicium deductæ*, non l'*exceptio rei judicatæ*, puisque, dans l'espèce, aucune sentence n'est encore rendue (2).

(1) Eisele. *Abhandlungen*, p. 57.

(2) D'autres textes semblent encore contenir la trace de l'*exceptio rei in judicium deductæ*; on les trouvera cités par M. Tardif. *Op. cit.*, pp. 164 et 165, texte et note 4 et par M. Eisele. *Op. cit.*, pp. 51 et ss.

§ VII. — Examen des théories relatives à la coexistence des deux exceptions *rei judicatæ* et *rei in judicium deductæ*.

Plusieurs systèmes ont été proposés pour expliquer le concours des exceptions *rei judicatæ* et *rei in judicium deductæ*.

A. — Théories de Keller, Bethmann-Hollweg, Savigny.

Keller, fidèle à son idée de novation, voit deux novations successives survenir au cours du procès ; l'une suit la *Litis Contestatio*, l'autre la sentence. Après la *Litis Contestatio*, le défendeur recourra à l'*exceptio rei in judicium deductæ*, si le droit d'action de son adversaire subsiste encore *jure civili* ; après la sentence, il recourra à l'*exceptio rei judicatæ*. Toutefois, cette seconde exception appartient au défendeur, concurremment avec la première, celui-ci peut, à son choix, avoir recours à l'une ou à l'autre (1).

Pour Bethmann-Hollweg (2), la sentence possède une vertu propre et négative, semblable à celle de la

(1) *Die exceptio rei judicatæ erwächst aus jeglichem Urtheil für den Beklagten als zerstörliches Organ, anstatt oder neben der Exceptio rei in judicium deductæ.* — Keller. *Civilprocess*, § 71, p. 295, texte et note 844.

(2) *Op. cit.*, t. II, pp. 631-632.

Litis Contestatio. Quand il s'agit d'une *actio in personam* ayant une formule *in jus concepta*, et qu'il y a *judicium legitimum*, la demande originelle se trouve détruite, *ipso jure*, par la *Litis Contestatio*, puis l'effet positif de la *Litis Contestatio*, à savoir l'organisation du *judicium*, disparaît à son tour, *ipso jure*, sous l'influence de la *res judicata*. Dans tous les autres cas, le droit d'action se trouve indirectement consommé par l'*exceptio rei in judicium deductæ* dont après la sentence, l'*exceptio rei judicatæ* vient prendre la place ; cela à vrai dire aussi bien dans le cas d'une sentence d'absolution, que d'une sentence de condamnation, abstraction faite de son contenu, en vertu de la maxime formaliste : *bis de eadem re agere non licere*. Le jurisconsulte allemand (1), considérant que les deux exceptions se fondent sur un point de fait et que la première, l'*exceptio rei in judicium deductæ*, n'est en rien infirmée par la seconde, admet, avec Keller, que le défendeur peut, à son gré, après la sentence, recourir à l'une ou à l'autre dans le but de paralyser les poursuites à nouveau dirigées contre lui de *eadem re* ; peut-être même pourra-t-il les combiner toutes deux, afin que si, d'aventure, la validité de la sentence vient à être contestée, la consommation produite par la *Litis Contestatio* demeure néanmoins, à son profit, un moyen absolument certain d'obtenir une sentence d'absolution. Le défendeur ne pourra recourir qu'à l'*exceptio rei in judicium deductæ*

(1) *Op. cit.*, § 103, p. 492.

avant le prononcé de la sentence; cette exception, suivant les circonstances, sera, soit une exception de litispendance (1), soit une exception péremptoire : de litispendance si le premier *judicium* organisé subsiste encore, péremptoire, au contraire, si, pour une cause ou pour une autre, ce *judicium* se trouve définitivement éteint.

Keller et Bethmann-Hollweg n'expliquent donc point le concours des deux exceptions. On se demande pourquoi le défendeur, auquel il suffirait d'en appeler à l'organisation du procès, ou, si l'on préfère, à la *Litis Contestatio*, en appellerait à la sentence.

Savigny distingue deux hypothèses : ou bien le demandeur obtient gain de cause et le défendeur est condamné, ou bien, au contraire, le demandeur succombe et le défendeur est absous. Dans le premier cas le demandeur poursuit l'exécution de la sentence, dans le second, le défendeur court le risque d'être inquiété à nouveau.

Mais toute action parvenue à la *Litis Contestatio* est regardée comme épuisée et consommée soit *ipso jure*, soit *ope exceptionis*. Le défendeur est alors protégé par l'*exceptio rei in judicium deductæ* et, en outre, par l'*exceptio rei judicatæ* si une sentence a été rendue. L'*exceptio rei in judicium deductæ* ne peut se pré-

(1) Elle sert alors à assurer l'efficacité de la règle posée dans la (L. 30 D. V. 1) : *Ubi acceptum est semel judicium, ibi et finem accipere debet*. En ce sens également Tardif. *Op. cit.*, p. 168.

senter que dans les deux circonstances suivantes: en premier lieu quand, au cours du premier procès, le demandeur en intente un nouveau *de eadem re*, en second lieu, quand, par suite de l'abandon du procès et de la péremption de l'instance, le *judicium* se trouve définitivement éteint (1). L'exception la plus ordinairement opposée était, suivant l'auteur, l'*exceptio rei judicatæ* reposant sur ce principe que toute action sur laquelle une sentence a été rendue, ne peut plus être reproduite. Ce système serait très heureux, en ce qu'il évite le concours des deux exceptions, mais il n'est nullement prouvé que le défendeur cesse d'être recevable dans tous les cas dès le prononcé de la sentence à opposer l'*exceptio rei in judicium deductæ*, le contraire, ce nous semble, paraît même être plus vraisemblable.

Bien plus intéressants sont les systèmes proposés par Lenel, Schwalbach et Cògliolo qui, partant cependant de points de vue différents, arrivent à éviter le concours des deux exceptions.

B. — Théorie de Lenel.

Lenel, se fondant sur ce que Cicéron (2) et Gaïus indiquent l'un et l'autre une seule exception, à vrai dire toutefois dans des termes différents, en conclut qu'il

(1) Savigny. *Traité de Droit romain*, traduction Guenoux. Paris, 1849, t. VI, p. 272 note a.

(2) *De Oratore*, Lib. 1, cap. 37, § 168.

n'y a pas deux exceptions distinctes en présence, à savoir l'*exceptio rei judicatæ* et l'*exceptio rei in judicium deductæ*, mais bien, au contraire, une seule et même exception, indiquée par Gaïus à quatre reprises différentes (1), l'*exceptio rei judicatæ vel in judicium deductæ*. Gaïus est le jurisconsulte romain auquel nous devons l'examen le plus approfondi de toute cette matière et l'unité de l'exception est très clairement indiquée par lui, notamment lorsqu'il nous entretient des exceptions péremptoires (IV, 121). On remarquera que, dans son exposition, après avoir énuméré trois exceptions péremptoires, séparées par le mot *aut* : *velut quod metus causâ, aut dolo malo, aut...... aut quod res judicata est*, il termine par les mots *vel in judicium deducta est*. De cette substitution du mot « *vel* » au mot « *aut* », et de cette circonstance que la *res judicata* est citée en premier lieu, Lenel conclut qu'il s'agit là d'une seule exception (2). Dans le cas contraire, Gaïus n'aurait certainement pas modifié ainsi tout-à-coup et sans raison son langage, ni adopté l'ordre qu'il a choisi. Au surplus, il serait étonnant que les Romains aient ainsi institué deux exceptions différentes pour atteindre exactement le même but. Nous sommes donc en présence d'une exception unique, très probablement formulée à l'époque classique dans les termes suivants : « *Si ea res*

(1) Cf. *supra*, p. 202.

(2) Ce système est adopté par M. Girard, *Manuel élémentaire de Droit romain*, p. 1008, texte et n. 5, p. 1009 texte et n. 1 ; M. Erman (*Recueil de la Faculté de Droit de Lausanne*, 1896, pp. 502-503-506) s'y rallie également.

de quâ agitur judicata vel in judicium deducta non est inter Numerium Negidium et Aulum Agerium. »

Les mots *vel in judicium deducta* persistent encore après la fin premier procès, une fois la sentence rendue. En effet, là encore, ils ont raison d'être ; leur utilité est évidente pour le défendeur, dans le cas où, la sentence se trouvant entachée de nullité, le premier membre de l'exception devient une arme sans valeur. Malgré l'inefficacité de la sentence, le *judicium* peut, cependant, avoir été valablement organisé, en ce cas le second membre de l'exception permet encore au plaideur d'obtenir une sentence d'absolution, car il pourra perpétuellement exciper de la *res in judicium deducta.* Que si la sentence n'a pas encore été rendue, les mots *judicata vel* peuvent continuer à figurer dans la formule de l'exception, s'ils sont inutiles, ils ne peuvent être nuisibles. On peut même concevoir une circonstance où leur insertion aura pour effet d'éviter une confusion qui, sans elle, aurait pu se produire. En effet, supposons qu'au cours du premier procès, avant le prononcé de la sentence, un second procès vienne à être intenté de *eadem re;* que, dans ces circonstances, l'exception accordée par le préteur au défendeur porte seulement les mots : « *si ea res in judicium deducta non est* », et que, entre le moment où cette exception lui est accordée et le moment où il se présente devant le *judex*, la sentence vienne à être rendue qui tranche le premier procès. On peut se demander si, maintenant que la *res judicata* s'est substituée à la *res in judicium deducta*, l'exception délivrée au défendeur dans le second procès est néanmoins encore valable ? La présence simultanée des deux membres de l'exception, telle que nous la transmet Gaïus, ne permet pas le moindre malentendu à cet égard et empêche par avance toute controverse sur ce point.

Lenel appuie sa théorie sur deux arguments principaux, l'un tiré de Cicéron, l'autre de Gaïus ; nous allons les examiner.

Le premier ne nous paraît nullement décisif, il est tiré du texte suivant de Cicéron :

(*De oratore*, Lib. I, cap. 37, § 168). *Si ille infitiator probasset judici, ante petitam esse pecuniam, quam esset cœpta deberi, petitor, rursus quum peteret, exceptione excluderetur, quod ea res in judicium antea venisset.*

Ainsi, conformément au droit commun, le demandeur sera repoussé pour avoir commis une *plus petitio tempore* en demandant avant l'échéance la somme due ; que si, plus tard, après l'échéance, il cherche à agir de nouveau, les poursuites seront paralysées par l'exception (1) « *Quod ea res in judicium antea venisset* ».

Il s'agit bien de l'*exceptio rei in judicium deductæ*, mais non de l'*exceptio rei judicatæ*, la sentence, en effet, est absolument hors de cause, aussi Cicéron n'a-t-il pas à la mentionner. Lenel induit de ce silence que Cicéron ne connaît qu'une seule exception ; il faut

(1) Cprz. Gaius, IV, 123.

plutôt en conclure simplement que, dans l'espèce dont il s'agit, l'*exceptio rei judicatæ* n'était pas à invoquer. Elle était cependant connue à cette époque, puisque nous l'avons déjà rencontrée antérieurement dans la loi agraire de 643 : « *Quæ res... judicatave non siet* »(1). Du rapprochement de ces deux textes, il ressort très clairement que deux exceptions existent qui, séparément, ont chacune leur existence propre, l'*exceptio rei judicatæ*, citée dans la loi agraire, et l'*exceptio rei in judicium deductæ* rapportée par Cicéron (2).

En outre, de ce que Gaïus emploie le singulier dans son exposition : *exceptio rei judicatæ vel in judicium deductæ*, Lenel conclut qu'il s'agit ici d'une exception unique, non de deux exceptions distinctes. Il nous semble plutôt que, les deux exceptions ayant entre elles des liens très étroits, Gaïus les cite toujours simultanément ; dès lors, pour abréger, il les indique du même coup, en les séparant toutefois par le mot *vel*, ce qui lui permet de ne pas répéter deux fois le mot *exceptio*, tout comme, d'ailleurs, le mot *rei*. Il est bien évident, par exemple, que dire : *Sed debeo per exceptionem rei judicatæ, vel per exceptionem rei in judicium deductæ summoveri*, ou dire avec Gaïus(III, 181) : *Sed debeo per exceptionem rei judicatæ vel in judicium deductæ summoveri*, c'est dire en définitive tout à fait la même chose, en un style toutefois plus lourd et moins rapide.

(1) Cf. *supra*, p. 182.
(2) Cf. Eisele, *Abhandlungen*, *op. cit.*, pp. 4-5.

Le singulier *exceptio*, au lieu du pluriel *exceptiones*, s'explique tout naturellement en observant que *exceptio* est sous-entendu dans le second membre après *vel*, tout aussi bien que *rei*. Quant à la substitution du mot « *vel* » au mot « *aut* » (1), elle n'est nullement décisive. Si l'on veut discuter sur les mots, la répétition du verbe être dans la phrase d'où Lenel tire argument : *aut quod res judicata est, vel in judicium deducta est*, rend bien difficile à admettre l'unité de l'exception. D'ailleurs, comme le fait très justement remarquer M. Schwalbach, de la liaison grammaticale des deux exceptions il ne résulte nullement que les deux exceptions n'en forment qu'une seule, cet auteur cite immédiatement comme exemple le *Code de Procédure civile allemand*, § 247, qui, après avoir énuméré les exceptions dilatoires, termine par ces mots : « L'exception d'incapacité ou de défaut de représentation juridique ». Or, ce sont là deux exceptions tout à fait différentes, la première, une exception d'incapacité contre la partie demanderesse elle-même, la seconde, une exception tirée du défaut de procuration donnée contre le *falsus tutor* ou *curator* (2). Enfin, l'ordre même que suit Gaïus ne nous paraît nullement plaider en faveur de l'unité de l'exception ; peu importe, en effet, que l'*exceptio rei judicatæ* soit indiquée avant l'*exceptio rei in judicium deductæ*, cela est même très logique et concorde parfaitement avec la doctrine que nous avons

(1) Gaius. IV, 121.

(2) Schwalbach. *Zsavst R. A.*, t. VII, pp. 137, 138 et p. 138, note 1.

proposée. En effet, Gaïus vit en province (1), les *judicia* qui s'organisent autour de lui sont *imperio continentia*, la consommation du droit d'action s'y est originellement rattachée à la sentence, voilà pourquoi il nous indique en premier lieu l'*exceptio rei judicatæ*. En agissant ainsi, il se conforme tout simplement à l'ordre chronologique, il cite d'abord l'exception la plus anciennement connue (2).

C. — Théorie de Schwalbach.

La théorie soutenue par Schwalbach (3) arrive également à éviter la coexistence des deux exceptions *rei judicatæ* et *rei in judicium deductæ* et ce, à vrai dire, en ce que la première absorbe la seconde; il n'y a donc pas, en dernière analyse, deux exceptions, mais bien une seule, l'*exceptio rei judicatæ*.

Gaïus, dans ses *Commentaires* (4), distingue deux ordres de phénomènes opposés: d'un côté consommation rattachée à la *Litis Contestatio*, aucune consommation rattachée à la sentence ; de l'autre, aucune consommation rattachée à la *Litis Contestatio*, mais alors faculté accordée au défendeur de recourir à une *exceptio rei judicatæ vel in judicium deductæ*. Il ne parle, par contre, en

(1) En ce sens, M. Girard. *Manuel*, p. 61.

(2) Cf. contre Lenel. *Infra*, p. 228, note 1.

(3) Schwalbch : *Ueber ungultige Urtheile u. d. consumirde Wirkung der Litis Contestatio. Zsavst* R. A., t.VII pp. 113 à 138.

(4) Gaius. III, 180-181 ; IV 106-108 ; spécialement III, 180-181.

aucune façon, d'une consommation rattachée à la sentence dans la procédure *per Legis Actionem*, ni dans les *judicia legitima* relatifs à une *actio in personam* ou dont la formule est *in jus concepta*; en effet, puisque le droit d'action était ici éteint depuis la *Litis Contestatio*, il ne pouvait être à nouveau consommé une seconde fois par la sentence. Que si la *Litis Contestatio* d'abord, ensuite la sentence, eussent consommé le droit d'action, tantôt *ipso jure*, tantôt *per exceptionem*, pourquoi Gaïus aurait-il méconnu cet ordre logique pour citer toujours en premier lieu l'*exceptio rei judicatæ* ? L'ordre qu'il suit serait ainsi inexplicable ; au contraire, il est au plus haut point rationnel dès que l'on observe qu'à l'origine le préteur a rattaché à la sentence la consommation du droit d'action (1). Si, néanmoins, il recourt à l'*exceptio rei in judicium deductæ*, c'est que celle-ci lui est nécessaire, comme exception de litispendance, pendant la durée du premier procès et comme exception péremptoire quand le premier procès s'est éteint avant le prononcé de la sentence. Encore, dans cette dernière hypothèse, serait-il très admissible qu'une exception spéciale eût existé, destinée à assurer l'efficacité de la péremption d'instance ; il est toutefois difficile d'admettre que Gaïus l'ait ainsi passée sous silence (2).

Ainsi, d'après Schwalbach, dans certains cas, la consommation du droit d'action se produit *ipso*

(1) Nous avons établi plus haut le bien fondé de cette assertion. Cf. *supra*, p. 184.

(2) SCHWALBACH. *Loc. cit.* p. 134, n. 2.

jure; par suite aucune exception n'entre en jeu.

Dans tous les autres cas, la consommation du droit d'action se produit par la sentence et l'*exceptio rei judicatæ* est alors seule définitive. La consommation du droit prétorien, la consommation *per exceptionem rei judicatæ vel in judicium deductæ* ne saurait être comparée à la consommation du droit civil. Au contraire, à la consommation du droit, contemporaine de la *Litis Contestatio*, est ici opposée la consommation par la sentence, consommation complétée par l'*exceptio rei in judicium deductæ*. Celle-ci n'a qu'un rôle purement restreint et provisoire à jouer (1), la consommation du droit d'action qu'elle tend à faire valoir est rendue définitive uniquement après une sentence valable, ou un pacte régulier, lesquels rendent également définitive l'extinction du *judicium*. Que si, à l'inverse, la sentence ou le pacte se trouvent être sans valeur, la consommation du droit d'action ne se produit point.

Schwalbach argumente, à l'appui de ces considérations, de deux textes dont nous retiendrons le principal, le suivant, tiré des sentences de Paul (2).

Paul (*Sent.* V, 5 a § 10) : *Falsis instrumentis religione judicis circumducta, si jam dicta sententia prius de crimine admisso constiterit, ejus causæ instauratio jure deposcitur.*

Il ressort de ce texte que la *restitutio in integrum* est

(1) Schwalbach. *Loc. cit.*, p. 133.
(2) *Loc. cit.*, p. 125.

accordée contre la sentence du *judex*, celle-ci ayant été rendue sur la foi de preuves reconnues ultérieurement comme entachées de faux. La *restitutio in integrum*, permet ici au demandeur d'introduire à nouveau une demande de *eadem re*. Or, fait remarquer Schwalbach, aucune *restitutio in integrum* n'est accordée contre un prétendu effet extinctif rattaché à l'accomplissement de la première phase de la procédure. Le demandeur, malgré la sentence, peut ainsi agir à nouveau *ex integro*; le défendeur ne peut lui opposer que, malgré la nullité de la sentence rendue, la *deductio in judicium* reste néanmoins valable, qu'il peut en conséquence, paralyser ses poursuites au moyen de l'*exceptio rei in judicium deductæ*. En effet, une sentence, fût-elle nulle, a été rendue au sujet de la demande originelle, il en résulte que cette dernière avait été régulièrement déduite *in judicium*. Ainsi l'*exceptio rei in judicium deductæ* ne peut être invoquée, cependant aucune *restitutio in integrum* n'a été ordonnée contre la cause d'où elle procède, la raison en est que, depuis la sentence, l'*exceptio rei judicatæ* s'est substituée à elle et l'a rendue désormais sans valeur. Les textes qui traitent de l'*in integrum restitutio contra rem judicatam* ne contiennent aucune trace de la nécessité d'une seconde *restitutio contra rem in judicium deductam*, seconde restitution sans laquelle, cependant, en admettant la persistance de l'*exceptio rei in judicium deductæ*, la nouvelle demande de *eadem re* n'aurait pu produire aucun effet.

De telle sorte, les exceptions *rei judicatæ* et *rei in judicium deductæ* ne peuvent coexister, puisque, dès que la sentence a été rendue, la première se substitue à la seconde. Celle-ci devient une exception de litispendance, ayant pour effet d'écarter une nouvelle demande intentée *pendente lite*, puis se transforme en exception définitive quand l'extinction du *judicium* survient avant qu'une sentence ait été prononcée. Que si le procès se termine par un pacte, le défendeur, actionné à nouveau, oppose l'*exceptio pacti conventi*, non l'*exceptio rei in judicium deductæ*.

Ce système est ingénieux, mais nous pensons que Schwalbach a par trop restreint le rôle de l'*exceptio rei in judicium deductæ*. Celle-ci, comme nous l'avons montré, est l'instrument par excellence de la consommation du droit d'action dans les *judicia legitima*, toutes les fois que cette consommation n'a pu se produire *ipso jure* et cela dans tous les cas, quelle qu'ait été la fin du *judicium*, que le *judex* ait, ou non, prononcé sa sentence. De plus, même en admettant que l'*exceptio rei in judicium deductæ* ait, en réalité, fini par remplir, en certaines circonstances, le rôle d'une exception de litispendance, tel n'a jamais été son but principal, ce rôle était réservé à l'*exceptio si ea res in judicio non est*. Schwalbach pressent son existence, mais n'ose l'affirmer, dans le silence de Gaïus ; la loi agraire de 643 vient nous attester le bien fondé de cette hypothèse, en la mentionnant expressément.

Schwalbach conclut du texte de Paul, cité plus haut (1), que l'accomplissement de la première phase de la procédure n'engendrait pas une exception définitive, mais une exception provisoire qui était absorbée par l'*exceptio rei judicatæ*. Nous ne le croyons pas. Nous pensons, au contraire, que la *restitutio in integrum contra rem judicatam* emporte obligatoirement avec elle *restitutio in integrum contra rem in judicium deductam*. En effet, le préteur, en accordant la *restitutio*, a pour but de permettre au demandeur d'agir à nouveau *ex integro de eadem re*; il tient, évidemment, en la prononçant, à ce qu'elle ne demeure pas, entre les mains du plaideur, une arme absolument inutile. Cela paraît évident. Or, si le défendeur, en opposant purement et simplement l'*exceptio rei in judicium deductæ* pouvait paralyser les nouvelles poursuites dirigées contre lui, la *restitutio in integrum* accordée par le préteur serait une protection absolument illusoire. Nous sommes donc amené à conclure que la *restitutio in integrum contra rem judicatam* entraîne implicitement avec elle *restitutio* contre la consommation du droit d'action survenu à la fin de la première phase de la procédure, soit *ipso jure*, soit *ope exceptionis*.

Au surplus, si les textes de la compilation de Justinien ne parlent en aucune façon d'une telle *restitutio*, comme l'allègue Schwalbach, nous ne devons pas en

(1) PAUL. *Sent.* V, 5 a, § 10.

être surpris, étant donné, ainsi que nous l'avons observé déjà, le système de procédure contemporain de la rédaction de Tribonien et de ses collaborateurs. Ces textes, et avec eux, d'ailleurs, le plus grand nombre au moins de ceux cités par Schwalbach, se réfèrent à la procédure des *cognitiones extra ordinem* ; ils ne sauraient, en conséquence, être une source d'arguments pour le sujet qui nous occupe ; c'est au moins commettre un anachronisme que de vouloir en argumenter ici.

En outre, aucun texte ne vient prouver que la consommation du droit d'action ait jamais été rattachée à la sentence dans les *judicia legitima* ; nous avons même rencontré encore, au *Digeste*, des traces évidentes de la consommation de ce droit, survenue au moment de la *Litis Contestatio*, après l'accomplissement de la première phase de la procédure. Sans aucun doute cette consommation ainsi entendue a persisté aussi longtemps que les *judicia legitima* eux-mêmes, c'est à dire jusqu'à la fin du système formulaire.

Toutefois nous voulons retenir du système de Schwalbach que, suivant son auteur, la consommation prétorienne du droit d'action a été originellement rattachée à la sentence. Telle est, la doctrine que nous avons soutenue dans le domaine du *judicium imperio continens*, c'est à dire en ce qui touche la procédure organisée par le préteur lui-même, de sa propre initiative, en dehors des prescriptions rigoureuses et formalistes du pur droit civil.

D. — Théorie de Cogliolo.

Le système exposé par M. Cogliolo (1) au sujet de la consommation du droit d'action, ne permet pas au concours de l'*exceptio rei in judicium deductæ* et de l'*exceptio rei judicatæ* de se produire.

En effet, pour étudier la théorie de la consommation du droit d'action, il faut, suivant cet auteur, considérer séparément la période qui précède les *leges Juliæ judiciariæ* et la période qui les suit (2).

Avant ces lois, la consommation du droit d'action, en vertu de la règle : *bis de eadem re ne sit actio* se produit au moment où la procédure *in jure* est achevée; elle se rattache ainsi à la *Litis Contestatio*, non pas, à vrai dire, en tant que celle-ci posséderait une vertu destructive propre qu'elle n'a pas, mais en tant seulement qu'elle marque la fin de la première phase de la procédure (3). Ici le demandeur ne peut être admis à introduire de nouveau une demande de *eadem re* et son droit se trouve éteint, soit *ipso jure*, soit *ope exceptionis*.

(1) *Trattato teorico pratico della eccezione di cosa giudicata*, Torino, 1883. La théorie de M. Cogliolo est brièvement exposée dans le *Pandette* del prof. Arndts, par Philippo Serafini, Bologna, 1883, t. I, 4e édit. § 113, p. 479.

(2) Nous laissons de côté, bien entendu, la période antérieure au système formulaire, la question du concours des exceptions ne pouvant y être soulevée.

(3) Cf. Cogliolo. *Op. cit.*, pp. 7-8.

Ipso jure dans les cas simples, quand le préteur, s'apercevant que le même procès a déjà été agité, refuse purement et simplement, d'office, *ex officio* (1), la délivrance d'une nouvelle formule ; *exceptionis ope* dans les cas plus complexes où le préteur renvoie les parties devant le *judex* et délivre la formule qui lui est demandée en y insérant alors l'*exceptio rei in judicium deductæ*.

Cette *exceptio rei in judicium deductæ* ainsi formulée : « *Si non ea res antea in judicium venisset* », donne au juge l'ordre d'examiner si le droit d'action n'a pas antérieurement formé l'objet d'un procès poussé jusqu'à la *Litis Contestatio*. Tel est le seul point important qui, se trouvant vérifié, entraînera au profit du défendeur une sentence d'absolution. Peu importe, d'ailleurs, que le premier procès ait été poussé jusqu'à la *Litis Contestatio* seulement ou, en outre, jusqu'au prononcé de la sentence. Le *judex* n'a pas à s'en inquiéter, car l'*exceptio rei in judicium deductæ* compète au défendeur dans tous les cas, qu'une sentence ait été rendue à la fin du premier procès, ou que celui-ci n'ait pas été poussé plus loin que la *Litis Contestatio* (2).

Tel est l'état du droit jusqu'à la promulgation des *leges Juliæ judiciariæ*. Mais une de ces lois *Juliæ* vient décider que la procédure, au bout de dix-huit mois, sera considérée comme non avenue. Cette loi *Julia* a donc pour résultat d'annuler tout ce qu'a été fait pendant ce laps

(1) Cf. Cogliolo. *Op. cit.*, p. 18.
(2) Cf. Cogliolo. *Op. cit.*, p. 17.

d'un an et demi, d'où il suit que la *Litis Contestatio* se trouve elle-même annulée. Le procès commencé venant ainsi à tomber et à s'éteindre, la *Litis Contestatio* est considérée comme non avenue, l'effet qu'elle avait produit, à savoir la consommation du droit d'action tombe et s'éteint purement et simplement à son tour, d'où il suit que le procès peut de nouveau être agité. La prescription du procès, c'est-à-dire son extinction au bout de dix-huit mois est ainsi le coup de grâce de la consommation *per Litis Contestationem* ; une telle consommation est entraînée par la procédure, que la procédure vienne à s'anéantir, et le droit d'action recouvre la vie.

Ainsi : l'existence d'un procès actuellement en cours s'oppose au renouvellement de l'action : mais, au bout de dix-huit mois, le procès est éteint, il n'existe donc plus. En conséquence, au bout de dix-huit mois, l'action peut être de nouveau intentée. La *Litis Contestatio* a pu consommer le droit d'agir à nouveau, uniquement pendant les dix-huit mois qu'a duré le premier procès dont elle était partie intégrante et constitutive (1).

Avec la loi *Julia* et la prescription de la procédure, la consommation du droit d'action cesse d'être rattachée à la *Litis Contestatio*, puisqu'au bout de dix-huit mois le demandeur peut de nouveau introduire une demande *de eadem re*. Mais ce que la *Litis Contestatio* a perdu, la sentence l'acquiert, car, depuis Auguste, c'est elle qui

(1) Cf. Cogliolo. *Op. cit.*, pp. 31-32.

devient l'unique partie de la procédure capable d'éteindre le droit d'action et de s'opposer à la réitération du procès : *rebus quidem judicatis standum est* (1).

Aussi longtemps que la consommation du droit d'action fut rattachée à la *Litis Contestatio*, c'est-à-dire au *deducere rem in judicium*, l'exception qui en était l'organe fut *l'exceptio rei in judicium deductæ* laquelle, au cas où la sentence avait été rendue, prenait alors le nom éventuel d'*exceptio rei judicatæ*. Mais, dans ce premier cas, l'*exceptio rei judicatæ* était dépourvue de toute valeur propre, elle était seulement un *modus dicendi* de l'*exceptio rei in judicium deductæ*, l'une et l'autre se fondaient sur la *Litis Contestatio*. Quand, depuis la loi *Julia*, la consommation de l'action est produite par la sentence, alors l'*exceptio rei judicatæ* devient une exception spéciale, revêtue d'une valeur propre. Elle est délivrée par le préteur, non parce que la *Litis Contestatio* a eu lieu, mais bien parce que la sentence ayant été rendue, il y a dès lors *res judicata*.

L'*exceptio rei in judicium deductæ* continue à subsister comme exception de litispendance, afin de permettre au défendeur de repousser une nouvelle demande *de eadem re* intentée contre lui, avant le prononcé de la sentence, durant le premier procès : « *pendente regulari et continuo judicio* ». Au bout de dix-huit mois, elle perd toute valeur. Ainsi, de péremptoire qu'elle était avant les *leges Juliæ judiciariæ*, elle devient,

(1) L. 1. C. VII, 52.

après ces lois une simple exception dilatoire et suspensive. Après avoir été l'instrument le plus ancien, le plus énergique et le plus général de la consommation de la procédure, l'*exceptio rei in judicium deductæ* s'évanouit devant l'*exceptio rei judicatæ*; elle disparaît sans laisser d'autres vestiges que les paroles de Gaïus (1).

L'*exceptio rei judicatæ* ne peut, dès lors, jamais concourir avec l'*exceptio rei in judicium deductæ*. Les difficultés qui s'élèvent si l'on admet la coexistence des deux exceptions sont absolument écartées. Les deux exceptions n'ont jamais été contemporaines l'une de l'autre et se présentent à des époques différentes de la procédure romaine.

Nous ne croyons pas, cependant, que le système de M. Cogliolo, si ingénieux qu'il puisse être, se trouve à l'abri de toute critique, nous ne pensons pas qu'il doive, sans restrictions, être admis.

Il repose, avant tout, sur le rôle qu'auraient joué les lois *Juliæ judiciariæ* en matière de péremption d'instance. En vertu de ces lois, les principes relatifs à la consommation du droit d'action auraient été rattachés pour la première fois à la sentence, non plus à l'achèvement de la première phase de la procédure.

A vrai dire, cette hypothèse est difficilement admissible. D'une part, nous avons observé que la consommation avait été, à l'origine, rattachée à la sentence dans les *judicia imperio continentia*, bien avant les

(1) Cogliolo. *Op. cit.*, *Lib.* I § 8, pp. 38 et ss. et *lib.* II, § 2, p. 64

leges Juliæ. La loi agraire de 643 en fait foi. D'autre part, longtemps après Auguste, Gaïus parle encore de l'*exceptio rei in judicium deductæ*. Il la cite, non en tant qu'exception de litispendance, mais, au contraire, à titre d'exception péremptoire ; les termes qu'il emploie sont d'une précision telle que la doctrine de M. Cogliolo paraît difficile à être conciliée avec eux :

Gaïus : IV, 120, 121 : «.... *Exceptiones.... peremptoriæ sunt quæ perpetuo valent, velut ..... quod res judicata est vel in judicium deducta est.*

En outre, il n'est pas impossible, comme nous l'avons déjà vu, de trouver au *Digeste* des indices certains attestant l'existence de l'exception *rei in judicium deductæ* à une époque très postérieure à celle où les *leges Juliæ* furent portées. Ainsi, Paul et Ulpien, dans des textes cités plus haut (L. 23, D. XXVII, 3), (L. 18, § 3, D. XIII, 5), nous laissent entendre que l'exception *rei in judicium deductæ* est encore en vigueur de leur temps. Cette exception n'est pas uniquement une exception de litispendance qui ne puisse plus être opposée par le défendeur une fois le délai de dix-huit mois écoulé, elle est bien une exception définitive ; cela nous semble résulter très clairement du fragment suivant de Gaïus :

G. IV, 123 : *Observandum est autem ei cui dilatoria objicitur exceptio, ut differat actionem, alioquin, si objecta exceptione egerit, rem perdit ; nec enim, post illud tempus quo integra re evitare poterat, adhuc ei potestas agendi superest, re in judicium deducta et per exceptionem perempta.*

Remarquons-le, ce n'est point par l'*exceptio rei judicatæ* que sera repoussée la nouvelle demande introduite lorsque l'exception dilatoire ne pourra plus être invoquée, mais bien par l'*exceptio rei in judicium deductæ*, puisque l'exception à opposer est fondée, nous dit le jurisconsulte romain, sur l'organisation même du *judicium* (1).

Aucun texte ne nous dit que l'expiration du délai imparti par les *leges Juliæ* ait jamais eu pour conséquence de rendre non avenues toutes les procédures accomplies *pendente lite* ; pour l'admettre il faudrait à ce sujet une indication toute spéciale que nous ne rencontrons point. Quant à la *Litis Contestatio*, et surtout à l'organisation même du procès, ce sont là des faits accomplis : l'expiration d'aucun délai ne peut les empêcher d'avoir réellement eu lieu.

En réalité, les textes que nous possédons rendent très difficile à admettre la théorie du jurisconsulte italien ; nous en dirons autant de sa conception sur l'extinction *ipso jure* du droit d'action, extinction qu'il assimile à la *denegatio actionis a prætore facta*. Comme le fait observer avec raison M. Eisele (2), l'extinction *ipso jure* et la *denegatio actionis* diffèrent toutes deux

(1) Ce passage où l'*exceptio rei in judicium deductæ* est citée seule milite en faveur de notre dire sur la dualité des exceptions *rei judicatæ* et *rei in judicium deductæ*, contrairement à l'opinion de Lenel.

(2) *Abhandlungen*, p. 30, n. 19.

de l'extinction *exceptionis ope*, mais de ce que deux choses diffèrent d'une troisième, il n'en résulte point qu'elles soient égales entre elles ; telle nous paraît être l'erreur dans laquelle est tombé M. Cogliolo quand il assimile les deux premières en disant :

« *Consumptio ipso jure è denegatio actionis, a prætore facta* ».

« *Consumptio ope exceptionis è denegatio actionis, a judice facta per exceptionem rei in judicium deductæ, in formula insertam* (1) ».

La doctrine de M. Cogliolo est, en tous cas, fort intéressante, car elle a pour but d'écarter un événement dont nous avons, à plusieurs reprises, montré les suites désastreuses pour le demandeur, à savoir la perte du droit d'agir survenant à son préjudice sans sa faute. La doctrine que nous avons proposée écarte, dans une très large mesure, ce danger ; si, cependant, nous avons vu qu'il n'était pas conjuré à dater d'une époque probablement voisine du début de l'empire, nous avons indiqué que des mesures avaient été prises pour y remédier. Malgré tout, il subsistait, en cette matière, une *inelegantia juris* qui, sans doute, dans la pratique, se présentait fort rarement, toutefois nous croyons devoir l'admettre, devant l'évidence des faits que nous rapporte Gaïus, sans pouvoir dire, avec M. Cogliolo : « Une telle injustice ne peut être supposée (2) (3).

(1) Cogliolo, *Op. cit.*, p. 24, n. 23.

(2) *Una tale ingustizia non puo pensarsi.* Cogliolo. Op. cit., p. 34.

(3) Pour M. Thomas (*Evolution de la théorie de la chose jugée à*

E. — Conclusion

Comme conclusion, en terminant notre étude sur la consommation du droit d'action pendant la période formulaire, il nous paraît utile de résumer très brièvement les résultats auxquels nous ont conduit les idées que nous avons émises.

Une distinction doit être établie entre le *judicium legitimum* et le *judicium imperio continens*.

Rome, Toulouse 1898), l'existence des deux exceptions *rei judicatæ* et *rei in judicium deductæ* ne peut s'expliquer que par une évolution d'idées qui a amené une évolution dans les institutions. Les efforts de ceux qui ont essayé d'expliquer comment l'effet de la sentence pouvait exister concurrement avec celui de la *Litis Contestatio*, sont restés stériles. En réalité, ces deux effets extinctifs n'ont guère coexisté. L'*exceptio rei in judicium deductæ* tombait peu à peu dans l'oubli, elle perdait de jour en jour tout le terrain que devait gagner l'*exceptio rei judicatæ* (Cf. pp. 172, 173, 209).

Tel est, brièvement résumé dans ses grandes lignes, le système de l'auteur, très savamment défendu. Nous ne pensons pas qu'il ébranle celui que nous avons exposé. En effet, M. Thomas évite la question plutôt qu'il ne la résoud.

Il ne s'agit pas de savoir pourquoi la *Litis Contestatio* a été mise au second plan et la sentence au premier, mais comment et pourquoi l'*exceptio rei in judicium deductæ* et l'*exceptio rei judicatæ* ont simultanément existé dans la procédure romaine. Cette coexistence est attestée par Gaïus, dans des termes formels, avec une insistance qui ne peut laisser subsister aucun doute.

La question se trouve évidemment résolue, si l'on nie la coexistence des deux exceptions ; si l'on admet cette coexistence, le système de M. Thomas ne satisfait pas entièrement l'esprit.

Cette objection n'a pas passé inaperçue aux yeux de l'auteur, il

Dans le *judicium legitimum*, la consommation du droit d'action procède des mêmes principes que dans la *Legis Actio*; elle se rattache à l'accomplissement de la procédure *in jure* et se produit au moment où la *Litis Contestatio* a lieu; celle-ci coïncide avec la délivrance de la formule et marque la fin de la première phase du procès.

Dans le *judicium imperio continens*, elle se rattache, au contraire, à la sentence.

Ces principes demeurent en vigueur jusqu'à une époque incertaine, très probablement contemporaine d'Auguste et des réformes que subit la procédure romaine au moment où les *leges Juliæ judiciariæ* furent rendues.

Postérieurement à cette époque, la théorie de la consommation du droit d'action est unifiée. Cette consommation coïncide désormais avec l'accomplissement de la première phase de la procédure, sans qu'il y ait à distinguer entre le *judicium legitimum* et le *judicium imperio continens*. Tel est l'état de la question à l'époque de Gaïus.

Ces principes, enfin, persistent aussi longtemps que le système formulaire lui-même et ne disparaissent qu'avec lui.

convient dans les dernières lignes de son *Traité* (p. 209) que l'explication de la coexistence des deux exceptions offre des difficultés.

Sa théorie ne les fait pas disparaître, car, de deux choses l'une : ou bien il n'y a pas coexistence et toute difficulté disparaît, ou bien il y a coexistence et aucune difficulté n'est résolue.

Dans la première alternative, l'auteur se trouve en contradiction formelle avec Gaïus.

Dans la seconde, la question à résoudre reste entière.

CHAPITRE III

COGNITIO EXTRA ORDINEM

§ I. Notions générales. — Origine du système. *Litis Contestatio*.

Le système des *cognitiones extraordinariæ* retiendra peu notre attention. Nous ne devons plus y retrouver les questions que nous avons essayé de résoudre au cours de ces recherches relatives à la mesure dans laquelle la consommation du droit d'action s'est rattachée à l'accomplissement de la première phase de la procédure, et aux rôles que jouèrent les exceptions *rei judicatæ* et *rei in judicium deductæ*.

Toutefois, nous croyons utile de tracer les grandes lignes du dernier système de procédure dont se soient servis les Romains et d'indiquer, avant de clore notre étude sur la consommation du droit d'action du demandeur, que celle-ci, cessant définitivement d'être rattachée à la maxime, *bis de eadem re ne sit actio*, finit par être uniquement réalisée par la sentence.

Le système de la *cognitio extra ordinem* ne paraît pas avoir été inventé par Dioclétien, ni pour la première fois organisé par la constitution de 294 (1), où ce prince suppose déjà accomplie la suppression de l'*ordo judiciorum privatorum* et, avec elle, celle du système formulaire (2). Mais cette constitution impériale est, sans doute, le premier texte législatif sur la matière, et c'est pourquoi on lui a attribué la réforme qui nous occupe (3). Du reste, ainsi que nous avons déjà eu l'occasion de le dire au début de notre étude, la procédure *per cognitionem* ne s'est pas substituée du jour au lendemain à la procédure formulaire ; les deux procédures ont, au contraire, coexisté pendant un certain temps, jusqu'au jour où la première, restée seule en vigueur, a définitivement supplanté la seconde.

Le système extraordinaire est, comme son nom l'indique, une *cognitio extra ordinem*, c'est-à-dire un examen de la cause réalisé en dehors des règles prescrites par l'*ordo*. Contrairement au principe fondamental de la procédure romaine, telle que nous l'avons étudiée au temps des Actions de la Loi et de la formule, le procès

(1) L. 2, C. III, 3.

(2) Cf. En ce sens Girard. *Manuel*, p. 1040.

(3) Cf. Bethmann-Hollweg. *Op. cit.*, t. III, p. 9, et Puchta. *Op. cit.*, t. II, p. 261.

n'est plus divisé en deux phases successives, se déroulant devant le magistrat, puis devant le *judex*; désormais une seule et même personne entend les plaideurs et tranche le différend en prononçant sa sentence.

Le système des *cognitiones* ne comporte plus de formule. De deux choses l'une: ou bien le magistrat, après avoir entendu les plaideurs, statue directement sur le litige, ou bien, sans examiner en rien l'affaire, il renvoie les parties devant un juge qui prononce une sentence. Dans les deux cas, le procès ne comprend plus qu'une seule et même phase, embrassant tout ensemble la procédure *in jure* et celle *in judicio*.

Dans le nouveau système, la *Litis Contestatio* ne peut plus coïncider avec le moment où, la procédure *in jure* étant accomplie, la formule est délivrée par le magistrat; toutefois, elle ne disparaît pas sans laisser de traces; elle subsiste, au contraire, et se place au début du procès. Elle consiste alors dans le résumé du différend, exposé par le demandeur et suivi des contradictions que le défendeur estime devoir y apporter (L. 14, § 1, C III, 1): *Lis fuerit contestata, post narrationem propositam et contradictionem objectam* (1).

(1) Cf. Bethmann-Hollweg. *Op. cit.*, t. III, § 153, p. 253, texte et note 8.

§ II. — Consommation du droit d'action. — Principes nouveaux. — Litispendance.

La nouvelle organisation de la procédure entraîne avec elle, comme conséquence, la disparition des principes que nous avons précédemment étudiés, quant à la consommation du droit d'action.

En tant que rattachée à la *Litis Contestatio*, c'est-à-dire à l'accomplissement de la procédure *in jure*, nous avons observé que la consommation du droit d'agir se produisait vis-à-vis du demandeur, soit *ipso jure*, soit *exceptionis ope*. Elle avait pour effet, en premier lieu, de rendre impossible la réitération d'une demande de *eadem re* au cours du premier procès, *pendente lite*, et, en second lieu, d'entraîner irrévocablement, après l'extinction du *judicium*, postérieurement aux *leges Juliæ*, la consommation du droit d'agir à nouveau, dans le cas où le procès, demeuré pendant, serait venu à s'éteindre sans qu'une sentence ait été rendue.

Or, dans la nouvelle procédure, la péremption des *leges Juliæ* a disparu ainsi que la distinction des *judicia* en *legitima* et *imperio continentia*. Nous nous trouvons en présence de principes nouveaux.

Constantin organise une procédure par défaut qui permet à l'une des parties en cause de poursuivre le procès commencé et d'obtenir une sentence en vertu de laquelle il pourra, dans la suite, repousser une nouvelle demande par l'*exceptio rei judicatæ*. Au cas où les plaideurs aurait abandonné l'instance, cet abandon, au lieu d'en entraîner, au bout de trois ans, l'extinction définitive et, avec elle, celle du droit d'agir à nouveau, aura simplement pour effet de s'opposer, au bout de trente ans à dater du dernier acte de procédure, à la réitération des mêmes poursuites. Il ne s'agit donc plus de la perte du droit d'action, entraînée par la combinaison de la péremption d'instance et de l'effet négatif, autrefois rattaché à la *Litis Contestatio*, mais d'une prescription extinctive du droit lui-même, prescription basée sur le long silence du demandeur (1).

En abandonnant le procès, le plaideur est réputé s'être désisté de sa demande et l'*exceptio pacti* peut, à l'avenir, être invoquée contre lui par le défendeur, au cas où il tenterait d'agir à nouveau (L. 4 C. II, 3) : *Postquam liti de prædio motæ renunciasti, causam finitam instaurari posse, nulla ratio permittit.*

Ainsi la *Litis Contestatio* forme maintenant le début du procès, elle marque l'instant où les éléments en sont définitivement déterminés, le moment où l'affaire est en état.

Que le demandeur vienne alors, *pendente lite*, à introduire la même demande devant un autre magistrat, il devra être repoussé par une exception de litispendance, exception fondée sur ce fait qu'une instance

(1) Cprz. C. Civ. art. 2262.

organisée de *eadem re* est actuellement en cours.

Telle est la seule conséquence que nous paraît avoir conservée la *deductio in judicium*, au point de vue de l'irrecevabilité de la seconde demande (1).

Quant à l'exception de litispendance elle-même, elle correspond à l'ancienne *exceptio si ea res in judicio non est*. A-t-elle pris un nom particulier ? Cela nous paraît peu probable, puisque nous ne le rencontrons point dans la compilation de Justinien, alors que se présentait évidemment la question de litispendance, question dont l'importance exigeait une solution conforme, sans doute, aux idées que nous venons d'exposer.

(1) Cf. sur ce qui précède BETHMANN-HOLLWEG. *Op. cit.* t. III, §§ 147 et 153, pp. 195, 196 et 257, 259.

§ III. — Théorie nouvelle de l'exception. — Disparition de l'*Exceptio rei in judicium deductæ*. — Autorité de la chose jugée.

Le caractère, la nature et le rôle de l'exception se trouvent profondément modifiés après la disparition de la formule.

Il ne s'agit plus de distinguer l'exception et la défense au fond, comme deux procédés distincts employés par le défendeur suivant des règles et des formes absolument différentes dans le but d'obtenir une sentence d'absolution.

Les moyens de défense peuvent se diviser, dans la nouvelle procédure, en deux classes :

La première comprend ceux touchant le fond du droit. Le défendeur qui les oppose nie le bien fondé des prétentions de son adversaire et repousse la recevabilité de sa demande, que le droit allégué contre lui soit, dès l'origine, entaché d'un vice le rendant nul de plein droit, *ipso jure*, ou que des circonstances ultérieures en aient entraîné l'inefficacité *per exceptionem*, soit à temps, soit à toujours.

La seconde classe comprend les moyens par lesquels le défendeur, sans avoir égard au fond même du droit, critiquera simplement la procédure entreprise contre lui, repoussera, par exemple, le choix du *judex* par la *præscriptio fori*, ou se refusera à plaider contre un mandataire, en opposant l'*exceptio procuratoria* (1).

A ces modifications profondes viennent s'ajouter celles, non moins importantes, que nous avons rencontrées au sujet de la nouvelle prescription trentenaire, de la confusion des *judicia* et du nouvel aspect de la *Litis Contestatio*. Il n'est donc plus possible, pensons-nous, de découvrir aucun cas où la consommation du droit d'action puisse se réaliser conformément aux anciens principes ou par analogie avec eux, postérieurement à la *Litis Contestatio*. L'ancien instrument de cette consommation, l'*exceptio rei in judicium deductæ*, se trouve ainsi être devenu sans objet, c'est pourquoi les compilateurs du *Digeste* et du *Code*, ainsi que les commissaires de Justinien en rédigeant les *Instituts* (2) le passent sous silence et en effacent la trace dans leur œuvre (3) ; nous ne pouvons plus en découvrir que des vestiges là où leur zèle a été mis en défaut.

Le moyen de défense tiré de la chose jugée permettait, d'ailleurs, au défendeur de repousser victorieusement une nouvelle demande et répondait à une considération d'ordre public en s'apposant à ce que des décisions contradictoires puissent être rendues. Désormais *l'exceptio rei judicatæ* est seule à remplir tout à la fois ce double but, de rendre impossible le renouvellement d'un procès déjà jugé, et de faire valoir, au

(1) Cf. Bethmann-Hollweg, *Op. cit.*, t. III, § 154, pp. 263 et 264.
(2) Cprz *Inst.* IV, 13 § 5, et Gaius, *Com.* IV, § 106.
(3) Cf. Bethmann-Hollweg, *Op. cit.*, t. III, § 153, p. 259.

profit du plaideur qui a obtenu gain de cause, le droit qui lui a été reconnu. Cette fonction positive de l'*exceptio* s'est accrue au cours des siècles ; déjà peut-être subsistait-elle seule à l'époque de Justinien (1). L'ancienne maxime *bis de eadem re ne sit actio* perd toute son ancienne valeur, nous la trouvons remplacée par le nouveau principe, encore en vigueur de nos jours : *Res judicata pro veritate accipitur* (2).

(1) En ce sens Savigny. *Traité de droit romain*, t. VI, pp. 277 et ss.
(2) L. 207. *D. L.* 17.

Vu à Grenoble le 1er mars 1900.
Le Président,
P. FOURNIER.

Vu à Grenoble, le 3 mars 1900.
Le Doyen,
C. TARTARI.

Vu et permis d'imprimer :
Grenoble, le 3 mars 1900
Le Recteur,
E. BOIRAC

77.564. — Imp. P. Legendre & Cie, rue Bellecordière, 14, Lyon.

www.ingramcontent.com/pod-product-compliance
Ingram Content Group UK Ltd.
Pitfield, Milton Keynes, MK11 3LW, UK
UKHW020548180726
13838UKWH00001B/109

9 782329 420998